ちくま学芸文庫

映像の発見

アヴァンギャルドとドキュメンタリー

松本俊夫

筑摩書房

解説　輝きを失わない真の古典的名著

中条省平

『映像の発見』は一九六三年一二月に出版された。日本の映画批評の最先端をいくハードな書物でありながら、一九七九年までに十三刷を重ね、概算で一万八千部ほど売れたと推定される。この種の本としては破格の売れゆきである。

内容がきわめて高度で挑発的だった（つまりモード的にもカッコよかった）という側面もさることながら、そうした受容のされかたを見るにつけ、当時の日本の映画ファンが、知的にかなり高度な欲求を抱いていたことがよく分かる。

時代的に見れば、一九六八年の世界的な学生反乱にむかって近代（モダン）の価値体系への懐疑が深まり、といって、ポストモダン的に拡散する一方の八〇年代以降とは異なった熱気が支配する過渡期だったのだろう。『映像の発見』には（粟津潔デザインによる深い黒地に金と銀が点滅するような鋭角的でクールな装丁もふくめて）、そうした時代の刺激的な空気が濃く染みこんでいる。

しかし、私が本書を読んだのは、フランスの五月革命をはじめとする学生反乱のさなかの一九六八年初頭だった。渋谷の三省堂で買った『映像の発見』は早くも六刷を数えていた。したがって、一九五四年生まれの私には、『映像の発見』をリアルタイムで読んだ人びとの衝撃を想像することはできても、実感することはできなかった。むしろ、発表から四年以上経ち、ちょうどそのころ出版されたばかりの松本俊夫第二評論集『表現の世界』と並んで、渋谷の書店に平積みにされた『映像の発見』には、映画ファンたるもの、これを読まなければ話にならない、というような古典的名著の放つオーラがすでに感じられていた。そのオーラに惹かれてこの本を手に取ったことを、ついこのあいだのできごとのように憶えている。

このたび、ほぼ三〇年ぶりに『映像の発見』を通読したが、主張も、論理も、言葉も、まったく古びていないことに驚嘆した。やはり、この本は何十年たっても輝きを失うことのない古典だったのだ。ここに装いも新たによみがえり、若い読者が名のみ高いこの書物の実物を読めるようになったことを心からうれしく思う。

本書は副題に「アヴァンギャルドとドキュメンタリー」とある。当時の松本俊夫は『安保条約』や『西陣』で知られる記録映画作家だった。だから、『映像の発見』が、一面においてドキュメンタリー映画論であることにふしぎはない。だが、それが同時にアヴァンギャルド映画論でもあるというのはどういうことか。

本書に収録された最も古い論考は「前衛記録映画論」で、一九五八年二月の発表である。この年号に驚かずにはいられない。本書あとがきにもさらりと触れられているが、このアグレッシヴな斬新さにつらぬかれた論文が書かれたのは、ヌーヴェル・ヴァーグの運動が世界に反響を巻きおこす以前のことだったのである。その革新的な先見性がすごい。この論文にこんな一節がある。

「既成の意識や感性によって事実に与えられている因習的な意味や効用性を事象の表面から剝ぎとることによってその裸形の姿を発見し、そのむきだしの事実そのものの独自な運動にしたがって、それと対応する心のかくれた部分をひきずりだす……」

要するに、見えないものを見えるようにすること、「「眼に見える」対象的な外部世界を懐疑し、「眼に見えない」内部世界へと主体的につき進んでゆく」ことこそが重要な課題であり、それを、外界の客観的記録であるドキュメンタリー映画と内面の主観的表現であるアヴァンギャルド映画のクロスする地点でなしとげようというのが、二五歳（！）の松本俊夫の野心だったのである。

このころ、松本俊夫のめざしていたフィールドは、前衛的な手法を用いるにしても、ジャンルとしては「記録映画」だった。そのいっぽうで、若き著者は折りにつけ、巷にあふれる、小説や演劇に隷属する「劇映画」への軽蔑と憎悪を表明している。

しかし、その傾向に変化が見られるのは、フランスでヌーヴェル・ヴァーグが起こり、とくにゴダールの『勝手にしやがれ』(日本公開一九六〇年三月)が映画界に衝撃を走らせてからのことである。これ以降、松本俊夫の論じる対象は、記録映画や前衛映画だけではなくなる。

とくに、本書冒頭に収録された歴史的なエッセー「映画芸術の現代的視座」は、その転回の模様をあざやかに記している。(なお、このエッセーは、映画に興味のある若い読者はもちろん、筋金いりの映画ファンにとっても、汲めども尽きぬインスピレーションの源泉となるだろう。私が映画論のアンソロジーを編むことがあったら絶対に収録したい名エッセーなのである)。

その「可能性と障害」という章で、松本俊夫は、戦後イタリアのネオレアリズモとフランスのヌーヴェル・ヴァーグという二大映画革新運動が、「主としてソビエトとイギリスのドキュメンタリー映画、およびフランスとドイツのアヴァンギャルド映画に、それも決定的に影響されている」という視点をうちだすのである。これは映画史的な記述としてはかなり問題をふくんでいるが、私はむしろ、現代の新しい映画にドキュメンタリーとアヴァンギャルドの血が脈々と流れている様子を見たくてたまらない、という松本俊夫の映画的欲望の強さのほうに感動する。

このようにして、劇映画も視野におさめた松本は、ロッセリーニの『戦火のかなた』とゴダールの『勝手にしやがれ』をそうした真の現代映画の先駆として位置づけながら、新しい映画の傾向を、「「事実のドラマ」から「存在のドラマ」へ」と定式化する。

ロブ＝グリエの『不滅の女』を論じながら、松本俊夫はこう記す。

「外界と人間の間に、幸福な予定調和が保たれていた時代は、すでに過ぎ去って久しい。[…]そこで対象は、まったく不可解な「むきだしの存在」そのものとなって現われてくる」

この「存在」の発見は、文学的には、マロニエの根っこにむきだしの「もの」を見出した『嘔吐』のロカンタンの実存的経験と通じあうものだろう。だが、映画史的には、松本の「「事実のドラマ」から「存在のドラマ」へ」という主張は、のちに『シネマ』のドゥルーズが提出する「行動イメージから時間イメージへ」という変化の定式を三〇年近くも早く先どりするものだ。

ドゥルーズのいう「行動イメージ」においては、現実を支える環境と、現実を体現する行動とは対応しあっている。古典的なハリウッドの映画づくりは、まさに「事実（アクション）」の映画なのである。いっぽう、第二次世界大戦後、とくにネオレアリズモとヌーヴェル・ヴァーグの映画が提示する「時間イメージ」の世界は、拡散する環境において、脆弱な関係性を彷徨という形式のなかで描き、登場人物自身が自分の役割を疑っている。そこでは、事実がゆらぎ、時間の諸層の集積にすぎない「存在」が露呈する。つまり、松本俊夫が実感した映画史の断層を、ドゥルーズは別の言葉で理論的にいい換えたのだ。

ところで、こうした松本俊夫の映画史的な直感（肉感とさえ呼びたいほどリアルな理解）が、なまなましい現実認識と、現実世界への激しい焦燥感を背景にしていたことを忘れてはならない。松本俊夫のドゥルーズに先だつ直感は、客観的な映画史研究などとは異なる精神の土壌から生じたするどい芽であった。『映像の発見』のいたるところで、著者は現実への苛立ちをあらわにしている。「運動の変革」という本書の最後に置かれた評論では、「安保闘争後三年数ヵ月、［…］状況は悪い。しかもひどく悪い」と呪文のようにつぶやきながら、政治的な解体拡散過程を難じているし、また、「日常性と凝視」のなかでは、資本主義の相対的安定期において、「すべてがのっぺりした「日常性」のヴェールで覆われて」いる状況では、ネオレアリズモの「事件」を凝視する方法はもはや有効ではないと断定する。

ここから、『映像の発見』のもうひとつの重要な問題が導かれる。残酷というテーマである。

空洞化し、のっぺりとした日常性の抑圧のもとで、じつは「幾重にも重なり合って、意識下にドロドロした底なし沼のようなポテンシャル・エネルギー」が形成されている（「隠された世界の記録」）。この隠された底なし沼の見えないエネルギーを目に見えるように観客に突きつけること。それが松本俊夫のいう残酷の意味だ。それは、血や臓器を見せるような生理的な残酷とは本質的に異なる。

「眼を覆えばそこから逃れることのできるような残酷さなどに真の残酷さはない」（「残酷を見つめる眼」）とは、本書で繰りかえし放たれる松本俊夫一流の啖呵だが、ここにも、目に「見えない」ものを目に「見える」もののうちに見るという『映像の発見』の根本主題はつらぬかれている。

だが、のっぺりした日常を切り裂き、その下から隠れたカオスをひきずりだせ、と主張しているからといって、松本俊夫ほど、頭に血がのぼったアジテーターから遠い冷徹な認識力の持ち主も稀なのである。本書を読んだ人には、松本俊夫の思考の怜悧さは自明のことがらだろうが、ひとつだけ例をあげておこう。

それは、松本が、映画というメディアの本質に「対象の主体化――主体の客体化の統一」（「日常性と凝視」）を見ているところである。

映画作家は自分のまなざしで対象（世界）を切り取る。彼は自分のフレーミングによって対象を主体化しているのである。しかし、そのいっぽうで、実現された映画の画面には、レンズの選択であれ、キャメラのアングルであれ、構図であれ、照明であれ、彼のまなざしの痕跡が物質化されて残っている。つまり、映画作家の主体はイメージによって客体化されてしまっている。

あるいは、こんなふうにもいえる。作家は自分の映画のフレームのなかに自分に必要な映画的要素をすべて盛りこめるように見える。だが、そのじつ、彼が無限に広がる世界から、ほんのわずかな不完全な断片をフレームによって切りとっているにすぎないことも事実である。この主体（作家）と客体（世界）の相互的相対化こそ、映画というメディアの本質をなす逆説なのだ。

ふたたび、ドゥルーズの『シネマ』を引きあいに出せば、映画（とくにネオレアリズモとヌーヴェル・ヴァーグ以後の映画）とは、客体（世界）のすがたがそのまま投影される直接ヴィジョンと、主体（作家）の目をとおして世界を映しだす間接ヴィジョンとのあいだに成立する「自由間接ヴィジョン」なのである。ドゥルーズは、客観的な世界の記録をめざしながらそのヴィジョンがすべて主観化されてしまう極限例をゴダールだとし、その逆に、主観的な幻想世界を作りあげながらそのヴィジョンがすべて客観的な現実になってしまう極限例をリヴェットに見ている。

むろん、私は、松本俊夫の『映像の発見』がドゥルーズの映画論の先駆だから偉いなどといっているのではない。のちにドゥルーズが展開する映画の根源的問題に、松本俊夫はヌーヴェル・ヴァーグの発生とほぼ同時期に気づき、それをきわめて明晰な論理で提示してしまった。その恐るべき洞察力に戦慄するのである。しかも、松本の論理の明晰さはドゥルーズを超えている……。

いいたいことはまだまだたくさんある。たとえば、「ネオ・ドキュメンタリズムとは何か」のなかで、映画の運動、すなわち、時間と空間の統一の問題に触れながら、フレーミング（空間）とコンストラクション（時間）とモンタージュ（時空の組織化）について論じるところなど、実作者ならではの原理論と技術論の不可分の展開として、読むほうも興奮をおさえることができない。ともあれ、この先のさらなる興奮は新たな読者に本文を読んでいただきじっさいに味わってもらうべきだろう。

最後に、『映像の発見』は、今ふたたび脚光を浴びつつあるマルクス思想の解釈・応用としてもスリリングだということに言及しておきたい。

「大衆という名の物神について」のなかで、著者はマルクスの『経済学・哲学手稿』の有名な「五官の形成は今日までの全世界史の労作である」という言葉を援用しつつ、芸術の目標とは、究極のところ、人間の意識と感性を不断に拡大すること以外にはないといい切っている。

この根源的思考（ラディカリズム）がつねに背景にあるからこそ、『映像の発見』は映画だけを論じながら、あらゆる芸術の本質に通じる真の古典となったのである。

（ちゅうじょう・しょうへい　学習院大学教授　フランス文学・映画論）

目次

〈写真提供〉川喜多記念映画文化財団、松本俊夫

編集協力――高崎俊夫

映像の発見

アヴァンギャルドとドキュメンタリー

1

◉――〈見つける〉ことと〈作る〉こと

映画の魅力は、まずなによりも「動く」ことにある。動く映像として何ものかを見つけだし、動く映像として何ものかを作りだすことにある。そのことは、映画が生まれたときからすこしも変わることのない、映画それ自身の本質である。

たとえばリュミエールの『汽車の到着』という作品（フランス・一八九六年）は、文字通り汽車の到着風景を記録しただけのものである。しかし、遠くの方からぐんぐん近づいてくる機関車の映像は、不思議なことにただそれだけで迫力をもっている。その迫力は、明らかに動く映像によってしか生まれないものである。しかも、そこにはカメラと対象との「出会いの軌跡」そのものが、それ自体ですでに緊張したアクションを作りだすという問題が暗示されている。

この素朴な作品が暗示している問題はそれにとどまらない。たとえばかなりの大写しで現われる若い女性が、ふとカメラを意識して立ちどまり、瞬間なんともいえない恥じらいの表情をみせると、そのままそそくさと列車のなかに乗りこんでゆく。そういう姿態や動作が実におもしろいのである。「偶然」をすかさず「盗み」とった映像が、しばしば対象をいきいきと描きだすという問題がここにある。

あらゆるすぐれた記録映画、イタリアン・リアリズムなどの記録的方法を重視した作品、さらに『勝手にしやがれ』のようなヌーベル・バーグの作品などは、すべてそのような問題を通してリュミエールにつながっている。

❖汽車の到着

その点、リュミエールと対照的な意味をもっているのがメリエスである。メリエスは事実よりも「虚構」を、しかも実際にはまったくありえない「空想」の世界を、さまざまなトリックを考えだして、映像化しようと試みている。それは『魔法の宿屋』『妖精の王国にて』『ゴムの頭をもった人間』という、彼の作品のいくつかの題名を見ただけで、およそのところは想像できるにちがいない。

たとえば『月世界旅行』(フランス・一九〇二年)では、星の精たちの幻想的なレビューがくりひろげられ、巨大なキノコがにょきにょきと現われたかと思うと、探検隊が甲殻類に似た月の住民たちにつかまったりもする。いわばジュール・ベルヌや

H・G・ウェルズの世界が、動く映像として視覚化されているのである。そこには夢や想像上の実在しないもののイメージを、映画は映像の具象性によって、あたかも実在するもののように作りだすことができる、という問題が暗示されている。

ある種のアヴァンギャルド映画、すべての空想科学映画、『美女と野獣』のような幻想映画、さらにスラップスティック・コメディー（ドタバタ喜劇）やミュージカル映画のかなりの部分もまた、そのような問題を通してメリエスにつながっている。

リュミエールとメリエスの映画は、むろんそれ自体としてはおよそ単純である。まして芸術などとはほど遠く、どちらかといえばまだ見せ物である。事実、当時の人びとはそれをまず見せ物として驚いたにちがいない。しかしその「驚き」には重要な意味がふくまれている。それは映像がもたらした「未知の現実」にはじめて立ち会わされたことによる驚きである。それをリュミエールは実在するもののなかからカメラによって「見つけ」だし、メリエスは実在しない想像上の光景をカメラによって「作り」だしたのである。

リュミエールとメリエスの後継者たちは、当然そこに提起された対極的な課題の意味を追究し、動く映像による「発見」と「創造」の弁証法を、より今日的な芸術表現の可能性の問題としてつかみとらねばならなかったはずである。しかし事実が進んだ方向は、かならずしもそのようであったとはいいがたい。映画の主流は、きわめて安直に小説や演劇の奴隷になりさがり、でき合いの物語り性によりかかることで、しばしば映像表現の独自な課題をうやむやにしてきたというのがその実情だったからである。

今日、映像の問題が大きくクローズアップされてきていることの意味は、まさにそこにある。それをマヤコフスキー流にいうならば、映画は、映画以外のものによっては解決しようのない、そういった問題の、映画による解決である、という自覚が高まってきたことを示すものにほかならない。

しかし、映像芸術の自律性の問題をあまりにも美学的に考えるなら、それはそれで一面的である。なぜなら「動く映像による発見と創造の弁証法」の問題は、あくまでも映像に固有のしかたで「未体験の現実」を体験する方法の問題であり、結局のところ、現実というものをどのようなイメージとしてとらえるかという問題にほかならないからである。

それは明らかに、その意味において美学の問題を越えている。

◉——記録の眼

現実と映画、とりわけ私たちの外側にあるなまなましい社会的現実と映画の関係を考えるとき、どうしてもとりあげられなければならないのは、ドキュメンタリーの問題である。

それは、現実を「記録の眼」でとらえようとする「方法」の問題であり、「見つける」ことと「作る」ことの関係を、あくまでも「見つける」ことの側に重点を置いて統一しようとするものである。したがって、そこでは「偶然を選ぶ」ことが重視され、作品も、その製作過程でどんどん変えられてゆくことがめずらしくない。むしろその模索自体を表現するにまでねりあげてゆこうとするのが、ドキュメンタリーなのである。

エイゼンシュテインの『戦艦ポチョムキン』（ソビエト・一九二五年）は、そういう作られかたをしたことでも有名である。たとえば「映画史に最大の影響を与えた」といわれるあの有名なオデッサの虐殺場面も、最初のシナリオには予定すらされていなかったものである。それは、彼がポチョムキンの叛乱を撮影するためオデッサにやってきたとき、例の石段をみてはじめて思いついたものだという。つまり朝の港の霧の扱い方と同様、対象に触発されたイメージを、すかさずとりあげたものにほかならない。

その六分間の印象は、実に鮮烈である。のけぞる女、倒れる老人、クモの子を散らすように逃げまどう群衆、発砲するコザック兵、流れる血潮で目があかない幼児、絶叫する母親、死体を踏みこえて石段をかけ降りてゆくいくつもの足、そういう映像のひとつひとつが、まず第一にすごい迫力をもっている。むろんその迫力は、決定的瞬間を決定的に切りとった、記録的映像の迫力である。

さらにそれらの映像は、お互いにはげしくぶつかり合い、そのつみ重ねによって、個々の映像だけでは表現できない、より強烈なイメージを浮かびあがらせている。いわゆるモンタージュと呼ばれている問題がそこにある。モンタージュには、普通、編集室での試行錯誤の作業を経て完成する。つまり幾度も幾度もつなぎ方を吟味しながらこれぞというイメージにたどりつくのである。むろんここでも偶然を選ぶことが重視され、思わぬ効果を「見つけ」だすことによって、最初にいだいていたイメージ以上のイメージを「作り」だすのである。

しかし、ロッセリーニの『戦火のかなた』(イタリア・一九四六年)などのように、むしろひきっぱなしの長いショットでものを表現して、かえって鋭い効果を作りだしている例も、けっしてすくなくはない。

たとえばその最後のエピソードに、ドイツ軍にとらえられたパルチザンたちが、巡羅船のふなべりに一列に並べられて、つぎつぎとおもりをつけたままポオ川のなかにつきおとされてゆくところがある。これがひきっぱなしの長いショットなのである。あるいはフィレンツェのエピソードに、一人のファシストが大あばれにあばれながら、建物のなかから連行されてゆくところがある。これも同じくひきっぱなしの長いショットである。

それらは、まるで偶然その場に居合わせたニュース・カメラマンが、とっさにアイモで撮影したのではないかと思われるようなとり方がされている。つまり、意識的に「目撃する視線」が作られており、「凝視すること」そのものが映像化されているのである。冷たく、ドライで、それでいてしかも抑えられた怒りが痛いほどに伝わってくるのは、そのためにほかならない。ここにもまた、鋭い「記録の眼」があることは明らかである。

しかし、そのことからごく一般論として、モンタージュは必要か不必要かという問題を立てることには意味がない。モンタージュの問題はたんに画面をつなぎ合わせることを意味するものではないし、また表現せずにはおれないもののちがいによって、表現の「かたち」は当然ちがってくるものだからである。むしろ表現せずにはおれないものによって、それに固有の「かたち」をまさぐりだし、そのまさぐりとまさぐられた「かたち」を手がかりに、さらに表現せずにはおれないものをふくれあがらせてゆくという、そういうかぎりない弁証法こそ、ドキュメンタリーの精神と方法にほかならないのである。

すぐれた記録的映像が、たんに対象を記録するにとどまらず、対象への「模索」そのものをも記録するという秘密が、そこにある。同じ意味において、すぐれた記録的映像の作りだすドラマは、対象そのものがもっているドラマ性とは同じものではない。それは明らかに対象のドラマを「模索するドラマ」であり、あくまでも「主体化されたドラマ」、ないし「表現されたドラマ」なのである。しかも、それは文学でも演劇でも表現することのできない「映像のドラマ」にほかならない。

◉——もう一つの現実

現実をとらえるというとき、その対象となるものは、かならずしも私たちの外側に実在する現実だけとはかぎらない。心の内側の世界もまた現実だからである。そこには、生や死や血や欲望など、人間が存在することそのものに根ざした本能の世界があり、そこからふと頭をもたげてくる非合理な心のうごめきがある。

　たとえばベルイマンの『野いちご』（スウェーデン・一九五七年）は、イサク老人の夢という形ではあるが、死と向き合った人間の「心のうごめき」そのものを、直接映像化しようとしている点で注目に値する。

　イサクがだれも人のいない町を歩いている。どの時計にも針がない。一人の男がうしろ向きに立っている。男がふりかえると、その顔はくしゃくしゃにつぶれている。男は棒のように倒れ、舗道に血が流れる。霊柩車がやってくる。その車輪が街灯にひっかかり、一つの棺がずり落ちる。イサクが近づくと、なかから死人の手がのびて、いきなり彼の手をつかまえる。死人の顔がみえる。それはなんとイサク自身なのである。ここでイサクは目がさめる。いささか説明的でありすぎる点を別にするならば、ここにはまぎれもなく、映像のみが表現しうるしかたで、死にたいする恐怖のイメージがとらえられている。どろどろした意識下の世界が、夢という想定で視覚化されているのである。

　ところで、夢のかたちは他のいかなる芸術よりも、映画のかたちにより近い。したがって、映画は本質的に夢を再現するの

❖野いちご

にむいている。つまり、夢を「作る」のにむいているのである。一方、夢は意識下の世界につながる窓口である。とすれば、映画は意識下の世界を、他のいかなる表現手段にもまして、ひきずりだしやすく、また「作り」だしやすいということになる。

しかし夢は夢として意識されるかぎり、あくまでも夢以上のものではありえない。『野いちご』の夢は、やはりその意味で「額ぶちのなかの夢」なのである。しかし、夢を見ているその最中には、夢はむしろ現実として意識されている。映画が夢の現実性を徹底して問いつめるためには、その意味において「額ぶちのない夢」そのものになりきらねばならないはずである。たとえばアヴァンギャルド映画の傑作として有名な、ブニュエルの『アンダルシアの犬』（フランス・一九二九年）は、そのよい例である。

一人の男が剃刀をといでいる。女がバルコニーで月を見ている。見開いた女の目に、男の剃刀の刃が近づく。雲が月の上を通過する。剃刀の刃が女の目をまっ二つに切り裂く。映画はこういう恐るべき場面ではじまる。しかし、これはこれだけでおしまいになり、あとにはつづかない。「筋」もなければ「意味」もなく、あるのはただ強烈な「イメージ」だけである。この映画は最後まで、こういう「イメージ」だけでできている。

男は女を追いつめると、女の乳房をまさぐる。男の顔に苦悩の表情が浮かび、血のまじった唾液が口から流れだす。女はあとずさる。男は二本の長いロープをひきずりながら女を追う。ロープには浮標《ブイ》やメロン、あおむけになった二人の僧侶、そして最後に腐ったロバの死骸をのせた二台のグランド・ピアノがくっついてくる。女は隣の部屋に逃げこみ、扉を力いっぱいしめる。瞬間、男の手首が扉にはさまれる。その掌から、蟻がうじゃうじゃと群がりでてくる。

要するにすべてはこういう調子で、一向に脈絡がない。いわば支離滅裂で気ちがいじみており、ほとんど考えられるかぎりの破廉恥なイメージにみちみちている。しかもそれは「額ぶちのない夢」そのものであり、したがってもはや夢でもありえない。そこで人びとは「わからない」という。

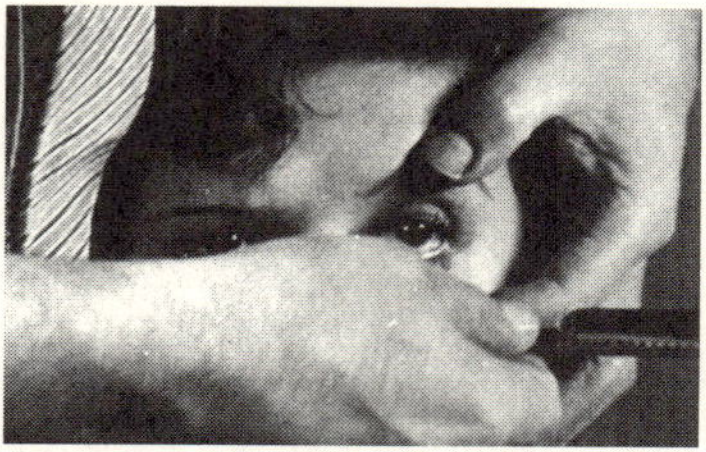

❖アンダルシアの犬

しかし、そもそもブニュエルがうちこわそうとしているのは、まさにそれをわからないという「常識」なのである。事実「常識」はたたきのめされ、その錯乱のただなかから、異様なイメージが漂いだすのを「感じる」のである。あるいは、それがはるか意識の奥底から、ずるずるとひきずりだされてくるのを「体験する」のである。それは明らかに、あまりにも合理的な「常識」によっておおいかくされている「もう一つの現実」、血や欲望のにえたぎる非合理な「心のうごめき」、いわば「超現実」という名の「現実」にほかならない。

映像は、この目に見えない「もう一つの現実」を、そのまま直接視覚化するというすぐれた能力をもっている。それは、いかに飛躍したイメージをも「作り」だすことができるのである。そのような映像は、ものの見かた感じかたの常識性を「理屈抜き」にうちこわし、人びとの想像力を無限に解放してやまない。ここには、映像芸術の課題を考えるうえで、絶対に見すごすことのできない、重要な問題が示されている。

●――〈もの〉との対決

外側の世界を鋭く切りとろうとするドキュメンタリー的な映画と、内側の世界を深くひきずりだそうとするアヴァンギャルド的な映画は、一見まったく異質の映画のように見えながら、実は陽画と陰画のように重なり合うものである。あるいはそれぞれの世界をつきつめてとらえようとすればするほど、どうしてももう一方の世界に目をそそがなければならなくなるという関係がそこにある。

そのよい例がやはりブニュエルである。彼が『アンダルシアの犬』と『黄金時代』というすぐれたアヴァンギャルド映画を作ったのち、一転してドキュメンタリー映画の方向に向かったのはそのためにほかならない。しかしいったん内側の世界を通ってきたドキュメンタリー映画は、素朴なドキュメンタリー映画とは質的にちがったものをもっている。たとえばブニュエルの『忘れられた人々』(メキシコ・一九五〇年)のなかに、不良少年たちがいざりを襲撃する場面がある。彼らはいざりを地面にひきずり倒し、乗っていた車を坂の下につきころがして逃げてゆく。そのときいざりが仰むけにひっくりかえされたまま、足のない両ももの一つけ根を空につきだしてもがきまわる姿が、そのままですでに異様なオブジェになっているのである。

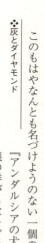

このもはやなんとも名づけようのない一個の無気味な「もの」のうごめきは、明らかに『アンダルシアの犬』のなかの剃刀をあてられた目、あるいは蟻の群がる掌などのイメージにつながっている。要するに、内側の世界の非合理な姿をあばきだすアヴァンギャルドの方法が、ここではよりいっそう外側の世界の非合理な姿をあばきだす方法としてとらえかえされているのである。

❖灰とダイヤモンド

ブニュエルのドキュメンタリーに特徴的なのは、このような「もの」にたいする異常なまでの執着にほかならない。したがって彼は壁、地面、石ころ、棍棒、軍鶏など、普通は背景もしくは小道具としてしか扱われないもろもろの物体からも、それがオブジェとしてもつ呪術的なイメージをひきずりだし、なおかつそれらの「もの」を相互にはげしくぶつけ合わせることを通して、メキシコ社会の底部にうずまく黒い狂気を浮かびあがらせるのである。

クレマンの『海の牙』に見られる潜水艦の非情な物質感、ブレッソンの『抵抗』に見られる収容所の壁や鉄ごうし、ワイダの『灰とダイヤモンド』に見られるゴミ捨て場のゴミの山など、アヴァンギャルドを通過したドキュメンタリーの方法は、しばしばドラマの決定的なイメージを、「もの」ないし「もの」と人間の容赦ないはじき合いによって表現する場合がすくなくない。

カイヤットの『眼には眼を』(フランス・一九五七年)の砂漠のイメージもまたそのよい例である。フランス人医師バルテルとアラブ人ボルタクとの間に横たわったまったき断絶と血みどろの死闘も、砂漠を徹頭徹尾「もの」として苛酷に描ききることを抜きにしては、あれほど深い意味を表現しえなかったにちがいない。

ことにそのラストシーンの砂漠のイメージは、ほとんど目に焼きついて離れないほど強烈である。傷つき倒れたボルタクが、目的地ダマスクスの方向をバルテルに教え、バルテルはそちらに向かってよろめく足をふみしめながら立ち去ってゆく。突然ボルタクが狂ったように笑いだす。するとカメラがしだいに上昇し、バルテルの行く手に見渡すかぎり果てしない砂漠の山やまが、まるで気が遠くなるほどにむくむくとせりあがる。

そのとき砂漠は、もはや砂漠というよりは状況の内臓そのものを抉りだしたような「もの」となっている。つまりバルテルとボルタクの命がけの格闘の意味、被支配民族の支配民族にたいする根源的な憎悪と、西ヨーロッパの植民主義が現在直面せざるをえなくなっているその政治的・精神的な危機の意味が、「もの」としてとらえられた砂漠のイメージによって鋭く映像化されているのである。

「もの」と対決するということは、このように現実のかくされた非合理をむきだしにしてみつめるということである。それは同時にみつめる眼そのものをむきだしにして、みつめるものの内側にうごめく非合理を、その外側の非合理と深くかかわらせるということである。いいかえるなら、眼と対象は「もの」によって外界と内界という二枚の向き合った鏡の間にひきずりこまれるということにほかならない。むろんそのむきだしの非情な空間こそ「もの」であり、その意味において「もの」は外界と内界を結びつけるヘソの緒なのである。

●――説明性の排除

映像は、言葉ではなかなか表現しにくい複雑なものごとを、ごく直接的に表現できるというすぐれた能力をもっている。それは対象を「もの」としてとらえた映像だけの問題とはかぎらない。

たとえばバルデムの『恐怖の逢びき』（スペイン・一九五五年）の冒頭に、主人公の男女の乗った車が、誤って自転車の男をひき倒してしまう場面がある。車が急停車し、二人はバックミラーのなかにおそるおそるその光景を盗み見るのであるが、車をとめてからバックミラーに目をやるまでの時間が異様なまでに長くつづくのである。しかしそのなんともいえない映像の持続性のなかに、主人公たちの複雑な意識の時間が浮き彫りにされてくる。あるいはごく近くでひそひそ話をしているような話し方をしながら、話し合っている二人の位置関係がとてつもなく離れている「不自然」な画面がでてきたりする。しかしその奇妙な構図は、二人の間の心理的な空間を巧みに表現していてあますところがない。映画のピカソと呼ばれたバルデムは『情熱のしぶき』のフェルナンデスなどと同じく、このように対象の時間や空間を「歪める」ことで、現象の内側にあるものを視覚化しようとしているのである。

もっとも映画がより独自な映像表現を作りだすのは、なんといってもまずカメラにちがいない。同じ被写体を切りとる切りとり方にしても、フレームをほんのわずか上下左右にずらしただけで、その映像の表現性はおよそ微妙に変わるものだからである。むろんサイズのちがい、撮影角度のちがい、使用レンズの焦点深度や露出のとり方のちがいなどによって、その映像のイメージはさらにいっそう複雑に変化する。まして対象が動き、カメラが動くという、より動的な関係でとらえられる映像ともなれば、そのデリケートな差異が生みだす表現上の多様性は、それこそ千変万化するといってもいい過ぎではない。

たとえばカラトーゾフの『戦争と貞操』（ソビエト・一九五七年）に、ながいながい複雑な移動撮影がある。いわゆる大祖国戦争がはじまり、ウェローニカの恋人のボリスも急に出征することになる。その彼に一目会おうと、彼女は見送りの群衆をかきわけて、どこにいるかもわからない彼の姿を血まなこになって捜しまわる。カラトーゾフはそのような彼女を、ながいながい移動カメラで執拗に追いつづけるのである。

その同じワン・ショットのなかでウェローニカは画面いっぱいに近づいたり、遠く離れて群衆のなかに見えかくれしたりをくりかえす。そのとき映像は、あるいは彼女の内面にくいこんだり、あるいは彼女をその背景のなかにつき放して客観視したり、いわばネコの目のように複雑に変化する。そしてそのようなイメージが切れ目なく持続してねじり合わされてゆくうちに、突如戦争に襲われて引き裂かれた人びとの心の内側あるいはそれをとりまく外側の現実が、じわじわと痛いまでににじみでてくるようになる。むろん漠然と向けられたカメラからは、このような鋭い表現はでてこない。

同じく集合所にやってきたウェローニカは、気も狂わんばかりにして鉄柵にしがみつく。カラトーゾフはそれを短焦点レンズでクローズアップする。つまり意識的に像の前面を「歪む」ように撮影しているのである。そして手前にのめりだすようにふくれあがったウェローニカの像は、ただもうそれだけで、彼女の内面をあますところなく表現しつくしている。

カメラの作りだす映像は、このように客観的であると同時に主観的である。したがってその二つの性格が高い次元で統一されればされるほど、映像は複雑なものごとを、ごく直接的に表現できるようになるわけである。

たとえばゴダールの『勝手にしやがれ』（フランス・一九五九年）なども、そのよい例である。ここにはもはや起承転結式の「物語り性」はみじんも見られない。ゴダールは主人公ミシェルのごく日常的なエピソードを、まるでニュース映画のように記録してゆくだけである。しかし照明を使わず、屋外撮影もほとんど手持ちカメラで盗みどりをしたと思われるその映像は、それはそれで新鮮な表現を生みだしている。

とくにミシェルが警官に射殺される最後の場面の印象は強烈である。背中にピストルの弾を撃ちこまれたミシェルが、パリの裏小路をよろよろとよろめきながら走ってゆく。それをカメラがやはり不安定な画面で追いかける。実際の通行人がふと立ちどまってそれをけげんそうにみつめる。そのような映像に、孤独で虚無的な現代の青春像が見ごとに表現されている。

その他多くの例をひき合いにだすまでもなく、現代の映画に特徴的な共通項は、できるだけ映像独自の表現で、言葉では容易に表現しにくい複雑な現実を、いっさいの説明性を排除して表現するということにつきるようである。

◉――イメージの深さ

映像の感動が直接的なのは、なによりもそれが「感じる」ものであり、「体験する」ものだからである。しかしあまりにも日常的な感覚、あまりにも慣れきった体験からは感動は生まれない。それは何らかの意味で、日ごろあまり受けることのない新鮮な「刺激」によってもたらされるものである。そこでとかくおちいりやすいのが刺激至上主義である。たとえば最近流行している残酷映画といわれるものの大半は、多かれ少なかれ刺激至上主義の産物である。むろんヤコペッティの『世界残酷物語』(イタリア・一九六二年)などもその例外ではない。ここにはニューギニアのキンプ族が、何百頭ものブタを寄ってたかってたたき殺す場面があったり、ネパールのグルカ族が、一刀両断のもとに生きたウシの首を切り落とす場面があったりする。それこそ気の弱い人なら目をおおいたくなるような「残酷の映像」が手を替え品を替えて現われる。それら残酷の映像は、たしかにある意味で刺激的である。しかし残酷そのもののとらえかたはいっこうに刺激的でない。いいかえるなら、残酷のイメージが浅すぎるのである。

黒澤明の『椿三十郎』(日本・一九六二年)の有名な殺しの場面にしてもそうである。三十郎に切られた室戸半兵衛は、文字通り血の飛沫をあげてぶっ倒れる。その殺しは残酷で迫力にみちている。しかしその表現は、主題を作りあげてゆくうえにまったく関係がない。つまりこの場合もまた、こけおどかしの見せ物なのである。要するに目をおおえばそこからのがれられるような残酷さに、真の意味での残酷さはない。それは結局のところ「生理的な刺激」の次元をこえないからである。

残酷のイメージを問題にするとき、私はここでもまたブニュエルの『忘れられた人々』(メキシコ・一九五〇年)を思いださずにはおれない。たとえば感化院に入れられた少年ペドロが、あるとき突然、落ちていた棍棒を拾いあげるや、そばにいたニワトリをたたき殺す場面がある。しかしその残酷さは、たんに生理的な刺激にとどまるものではけっしてない。

そのさき、ペドロは不良の首領ジャイボにいいつけられて仲間のジュリアンをおびきだし、ジャイボがジュリアンを棍棒でめった打ちになぐり殺すのを目撃する。このときペドロは猛烈なショックを受けるのである。しかしその恐ろしさからのがれようとすればするほど、それは非合理な強迫観念となってペドロの意識の奥底に大きなゆがみを作ってゆく。ペドロはいわば反射的に母親に甘えようとする。しかし母親はうるさがり、ペドロが腕に接吻しようとするとこれを冷たく払いのける。ちょうどそのときニワトリがけんかをはじめ、いらだった母親はとっさに箒でニワトリをなぐりつける。

少年ペドロの意識の内側ではこれらもろもろのショックがひとつに重なり合い、いわばすさまじい抑圧となってペドロを押しつぶそうとする。感化院でペドロがいきなりニワトリをたたき殺す行為は、そのような抑圧にさからおうとする本能的な衝動が抑圧そのもののかたちを反射的に模倣して、一瞬その裂け目をぬって日常性の表面に吹きだしたものにほかならない。

たしかにその場面から受ける印象は残酷である。しかしその残酷さは、ニワトリがたたき殺されるそのあわれな姿によって残酷なのではなく、少年の行為が意味するものの戦慄すべき根深さによって残酷なのである。しかもその残酷さは、そのような残酷さを生みだす現実そのものの残酷さを浮き彫りにするという意味で「批評的」であり、「思想的」である。いいかえるなら残酷のイメージがより深いのである。

そういえば『世界残酷物語』にも例外がある。ビキニの放射能を受けたウミガメが、本能的な方向感覚を失ってしまうエピソードがそれである。ウミガメは砂浜に長時間かかって卵を産みおとしたあと、海の方向にもどろうとするのだがもどれない。むしろとんでもない逆の方向に、よたよたとあえぐようにしてからだをひきずってゆく。そのしつような大写しのつみ重ねがあり、やがて静かにカメラをあげるとその方向には荒涼とした砂地が果てしなくつづいている。この場面などは、ちょっと『眼には眼を』のラスト・シーンを思わせて感動的である。すくなくともブタをたたき殺したりウシの首を切り落としたりするよりも、よほどこういうイメージの方が残酷である。

むろん問題は残酷ということだけにかぎらない。そのことはあらゆる映像表現についていえることである。事実、感動をもたらすすべての映像は、つねに何らかの意味で「刺激的」である。しかしその逆はかならずしも成り立たない。なぜなら、そこにはたんに「生理的刺激」にとどまる映像と、その次元をこえて「精神的刺激」にまで高まる映像との、いわば「質」のちがいの問題があるからである。映像のもたらす感動が「イメージの深さ」の度合いによってきまるのはそのためにほかならない。

●――音と映像の対話

映画の表現と「イメージの深さ」の問題について語るとき、どうしてもはずすことのできないものに「音」の問題がある。一口に「音」といっても、いわゆる現実音と音楽、それにそのどちらともつかない音響など、その種類と使用法はさまざまである。しかしここでとくにとりあげなければならないのは、「音」が映像と積極的にぶつかり合って、文字通り独自な「視聴覚的表現」を作りだす問題である。

たとえばクレマンの『居酒屋』（フランス・一九五五年）の、ラスト直前の場面にそのよい例がある。アル中の夫にめちゃくちゃにこわされてしまった店の片すみで、ジェルベーズがただ一人、まるで放心したようにすわりこんでいる。カメラはすでに廃人同然のようになったジェルベーズの姿を、ながながとクローズアップで凝視する。そのとき、ふとかすかに、カリカリ、カリカリと、はがれたトタンが触れ合う、冷たい金属的な音が聞こえてくるのである。

おそらく凡庸な作家なら、そこでは思いきり感傷的な音楽を流して、いわば悲劇的な

「ふんい気」を盛りあげようとするところにほかならない。しかしクレマンはそうしない。彼はむしろすべてを凍りつくような沈黙のうちに凝結させ、そこに非情な金属音を錐のように突き刺すのである。ジェルベーズが背負わなければならなかったあの泥沼のような生活と、そこからはいあがろうとしてけんめいにあがきながら、ついにそのまま自己崩壊しなければならなかった彼女の内部世界とが、その一点に深くぎりぎりの形で塗りこめられているのは、むろんそのためである。

ここでは「音」もまた、ある意味で例の「もの」となっている。あるいはすくなくとも「説明的」であることをやめ、むしろ映像とはげしく拮抗することで、映像だけでは表現しつくせない、より高度のイメージを作りだしているのである。

ブレッソンの『抵抗』（フランス・一九五七年）のように「音」の演ずる役割が、ほとんどそのドラマにとって決定的な意味をもつ場合もある。そこでは、廊下を歩くドイツ兵のクツ音、監視が鍵をカタカタと階段の手すりにあててゆく音、壁をたたく通信の音、窓外を定期的に巡回してくる自転車のペダルの音、遠くに聞こえる汽車の音、スプーンでこじあける扉の板がきしむ音、こういう数々の音が、フォンテーヌの意思や行為と鋭く対立して、このドラマに異常なまでの緊迫感をもたらしている。ブレッソンは表現上意味のない音を徹底して切り落とし、空恐ろしいほどの沈黙のなかで、ひとつひとつの音に最高度の表現性を与えるのである。

同じことは音楽の扱い方にたいしてもいえることである。『抵抗』の音楽は、モーツァルトの『ハ短調ミサ』の冒頭の部分だけが、くりかえしおよそ十回ほど使われるだけである。それも「キリエ」の合唱がでてくるところまで使われるのは、最初のタイトル、脱獄が成功したラスト・シーン、およびその途中で同僚のオルシニが脱出したところの三回であり、あとはその前のオーケストラの部分だけが、フォンテーヌの脱獄行動のつみ重ねをひとつひとつ終わらせたところで使われる。つまり徹底してその使用の意味が限定されており、主題の形成に意味をもたない音楽はいっさい使われない。要するに「伴奏」としての音楽は完全に否定されている。

「伴奏音楽」を拒絶することは、意識的な作家たちにとっては今や常識である。最近の身近な例でいうならば、小林正樹の『切腹』（日本・一九六二年）の、武満徹の音楽がそのよい例である。ここではもはや、メロディーとしての音楽すらつけられていない。武満は主として邦楽器の琵琶を使い、これをテープで変形して、その鋭く重い「音のかたまり」を、能の鼓のように、映像に向かって打ちこむのである。あるいはブリペアド・ピアノの単色を、まるで「騒音」のようにひびかせるのである。それらは音楽というよりは「音響」でもあり、同じく音響化された他の現実音と深く一体となって、やはり音響の一要素として意識された「豊かな沈黙」の部分とともに、映像との間にかぎりない緊張関係を作りだしている。

「音」が映像表現の補助手段でしかなかった時代は、すでに終わっている。「音」は映像とのからみ合いによって映画の可能性をよりいっそう飛躍的に拡大し、その表現を「立体的」にするのである。シナリオから映像への過程で多くの発見と創造が行なわれなければ意味がないように、音のないラッシュ・フィルムから完成フィルムへの過程でも、多くの発見と創造が行なわれなければ意味がない。「視聴覚的表現」の可能性は、究極のところ、「音」と映像の対話の可能性のなかにしかありえないからである。

◉——表現をささえるもの

こと「表現のしくみ」についていうかぎり、映画の可能性は、映像の可能性にあり、「音」の可能性にあり、映像と「音」の対話の可能性にある。しかしそれらはあくまでも「表現された全体」との関係でしか意味をもちえない。

たとえば、バルデムの『恐怖の逢びき』やカラトーゾフの『戦争と卓操』の鋭さは、いわば「部分」の表現の鋭さである。ところが作品の「全体」から受ける感動は、どう見ても「部分」のそれほどには強くない。それは全体として表現された「主題」そのものが、しょせん常套的なメロドラマの域をでていないからである。しかし一つの作品のよしあしは、あくまでもその作品「全体」から受ける感動にある。つまり「主題」の深さこそ、その作品の生命にほかならない。

そのよい例が、合作オムニバス映画『二十歳《はたち》の恋』(フランス、イタリア、日本、西独、ポーランドの合作・一九六三年)である。まったく同じ課題から作られた五つの作品が、なぜこうもちがうのかという問題がそこにある。そのちがいの本質は、むろん国柄や個性のちがいなどに関係はない。それは明らかに「二十歳」の「恋」という課題の意味そのものを、どれほど主体的につきとめえたかのちがいなのであり、その意味で、決定的に「主題」の深度のちがいなのである。

結論的にいうならば、ずばぬけて深い感動を受けた作品は、ワイダの『ワルシャワ』ただ一編である。

ズビシェックは動物園で一人の幼児の命を救いだし、それに感激したバーシャに連れられて彼女の家を訪れる。二人はふと淡い恋を意識する。そこにバーシャの友人たちが、勇敢なその日の英雄を見ようと集まってくる。しかし話もへた、ダンスもへたで、どことなく暗い影をひきずっている中年の独身男性ズビシェックと、文字通りのびのびと平和に育った屈託のないバーシャたちとは、やがて気まずい違和感に引き裂かれてゆくのをお互いに感じだす。と、目かくしをされて鬼ごっこをしている最中に、ズビシェックは突然二十年前のドイツ軍占領下で、同じく目かくしをされて銃殺されかかったときの恐怖の記憶に襲われる。そのような彼の「青春」の姿が、瞬間なまなましくよみがえるのである。彼はうめきをあげ、気を失う。むろんバーシャたちは彼の気持ちをわかろうはずがない。やがて意識をとりもどしたズビシェックは、ひとり部屋をあとにして、どことも知れず暗闇のなかに立ち去ってゆく。そして翌朝、バーシャとその恋人ウワデックは、そんなことなどきれいさっぱり忘れて、雪の野原を嬉々として遊びたわむれるのである。

ワイダがここで表現しようとしている「主題」の構図は、明らかである。それは戦中世代と戦後世代の二つの青春を重ね合わせることで、そこに深く「歴史」の意味を問いつめようとすることにほかならない。だからこそ、彼は一方の青春で他方の青春を照らしだし、それぞれの青春の意味と、その間に横たわった断絶の意味を、その溝を埋める手がかりをつかみとろうとしてまさぐるのである。この作品が私たちを苦しいまでにゆさぶるのは、そこにワイダの身を切り裂くような主体の燃焼があるからである。

❖二十歳の恋・ワルシャワ

同じことは、大島渚の『青春残酷物語』（日本・一九六〇年）についてもいえることである。とくにその主題が凝縮して表現されている、例のリンゴをかじる場面のイメージがそれである。

その場面は診察室の隣の部屋であり、そこに子どもをおろした真琴がねむっている。清がそばにやってきて、真琴の寝顔をのぞきこむ。つぶされまいつぶされまいとして体当たり的に生きてきた二人の青春も、目に見えない何か大きな力によってつぶされてゆく。診察室から医者の秋本と、秋本のかつての恋人であった由紀の声がきこえてくる。それはかつて挫折した彼らの青春と、その恋の破綻についての繰りごとである。清はやり切れなくなってふとリンゴを手にとると、ひとくちひとくちをかみしめるようにしてそれをかじりだす。

大島はそれを長く長く凝視する。普通なら数回かじったところでカットするものを、ほとんど十回ほどもかじらせるのである。そしてその異常な長さのなかに、引き裂かれてゆく青春の突き刺すような痛みと、なおかつそれに負けまいとする本能的なぎりぎりの抵抗感とが、鮮烈なイメージとなって浮かびあがってくる。

その表現は感動的であり、秀逸である。しかしそれを生みだし、それをささえているものは、やはり大島の主体的な燃焼をおいてほかにない。いいかえるなら「決定的に表現せずにはおれないもの」がそこにあるのである。そしてまさにこの「決定的に表現せずにはおれないもの」の存在感と、そこにかけられた作家の主体的な燃焼度こそ、あらゆる作品の「主題」の質量を決し、その芸術的な生命を決定するのである。

◉——日常のなかの異常

ワイダや大島渚の例がそうであるように、すぐれた作品はつねにその時代的条件と深くかかわり合ったところで作られている。つまり、ある作家がある時代のある状況のなかで、ある決定的な体験をして、その体験の意味を徹底して見きわめようとするところから、はじめて強い普遍的な主題をもった作品が生まれてくるということにほかならない。時代の激動期や変革期に、とかくすぐれた作品が輩出しやすいのはそのためである。

ということは、逆に現実の矛盾がささくれだった生傷のように表面にむきだしになっていない時代や社会では、あまり強烈なドラマは生まれにくいということにもなってくる。たとえばいわゆるイタリアン・リアリズムが「平和」の訪れとともに一応急速に衰退していったのも、そのことと無関係ではない。

事実、太平ムードの今日では、すべてがのっぺりした「日常性」におおわれていて、一見現実はドラマチックに「現象」していない。しかしむろんドラマの素材がなくなったなどということではさらさらなく、現実の矛盾はよりいっそう複雑になって、いわば「内面化」しているだけである。問題は、そのような日常性の裂け目に、いかに非日常的なドラマを「見る」かにある。ドラマがないことそれ自体もまた、その意味において、きわめて今日的なドラマになりうるというのが、現代の逆説にほかならない。

たとえばブルックの『雨のしのび逢い』（フランス・一九六一年）などは、そういうドラマの一例である。フランスの西海岸に近いある田舎町で、アンヌはある日一つの殺人事件を目撃する。男が、愛するがゆえに女を殺したのである。アンヌはそのとき耳にした女の叫び声を、いつまでも忘れることができない。彼女の「安定」した生活のなかでは、それこそ彼女が子どもを産んだとき以外に、そのような「必死の叫び声」をたてたことなどなかったからである。アンヌはふといい知れぬ「不安」を意識する。つまり、そこにけっして燃えることのない、いわば「生きながら死んでいる」自分の生活を意識するのである。彼女はおのれの「不在」に気がつき、その「空洞」を必死に埋めようとする。しかし、その自己燃焼は疑似的にしか行なわれない。彼女は見知らぬ青年ショーバンと虚構の恋をし、そして破綻する。アンヌは最後にショーバンが去ってゆくとき、三度「こわい」といい、突然からだをのけぞりかえらせて、殺された女がそうしたように「絶叫する」のである。

むろんアンヌはその絶叫の意味を、自分では知らない。しかし、そこには彼女を無意識に「こわい」といわせたあの「生きながらの死」と、一瞬おのれの全存在をかけてそこからぬけでようとした彼女のなかの本能的な「生」とが、おそろしいまでにせめぎ合っていたことは明らかである。そして、ここにはまぎれもなく、ドラマがないということを意識して、そこに真のドラマを模索しようとするドラマがあるのである。

叫びということでは、原題が『叫び』というアントニオーニの『さすらい』（イタリア・一九五七年）も、同じく「日常性」の問題に鋭いメスをあてている。

ある精糖工場の技師アルドはある日突然七年間同棲していたイルマから捨てられる。なぜ、そしてどんなぐあいに彼らが愛し合えなくなったのかは、さして問題ではない。問題なのは、そういうふとしたことがきっかけとなって、一見平穏なアルドの日常性にいかに無残な亀裂が生じるか、あるいはそもそもそのような日常性を一度はぎとったところにいかに底深い危機が絶えずひそんでいるのかを、その後のアルドの「さすらい」のなかにえぐりだすことにある。

したがってアルドの「さすらい」は、一人の人間を通して見た、現代人の内面的な解体のプロセス以外のなにものでもない。アントニオーニはアルドの意識の奥深くメスを下降させ、その孤独な遍歴の果てに、人間と人間を、あるいは人間と社会を結びつける本質的な条件を、さぐりあてようとするのである。かくてアルドはふたたび村にもどってくる。しかし彼は、村にも、イルマにも、もはや確かなきずなをとりもどすことができない。結局、彼は精糖工場の鉄塔にのぼり、イルマの目の前に落ちて死ぬのである。

❖さすらい

そのとき、遠景を、基地反対の村人たちが駆けてゆく。まるで別世界のような二つのできごとが一つの画面に同時にとらえられ、そこに深い断絶が示される。そして、まさにアントニオーニは、その断絶の意味を痛みをこめて問うているのである。

ここには「内面化」した人間解体のドラマがあざやかにとらえられている。それは「日常のなかの異常」のドラマであり、まさしく今日の時代的条件と深くかかわり合ったところで作られているという意味でも、やはりすぐれた現代のドラマなのである。

●——意識と無意識の間

日常性をはぎとるということは、直接には目に見えない世界、とくに人間の意識の世界を視覚化するということである。しかしよい意味でも悪い意味でも、カメラはあくまでも外側から目に見える被写体しか写せない。そこで問題となってくるのが、いかに「目に見えない」ものを「目に見える」もののうちに「見る」かということである。

その点興味深い実験を行なっているものに、ヴァルダの『5時から7時までのクレオ』(フランス・一九六二年)がある。女流歌手のクレオは、もしかすると癌かもしれないという不安にとりつかれ、なんとも落ち着かない気持ちでその診察の結果を待っている。映画はそのようなクレオの五時から七時まで(実際には五時から六時半まで)を、現実の時間と映画の時間を一致させて、いわば日記風に記録しただけのものである。むろん「筋」などというものはまるでなく、あるのはただクレオの「意識の状態」ないし「意識の流れ」にほかならない。そして問題なのは、そのような「意識の起伏」を、ヴァルダがかなりみごとに「映像化」しているということである。

クレオは、ある意味でもっぱら町のなかを歩きまわるだけである。しかし、その「行為」には「目的がない」。ただどうしてもじっとしてはいられずに、それがふと何かの行為になって現われるのである。つまり不安やいらだちという「目に見えない」心の「状態」が、そのような「目的のない行為」として「外化」されてくる。ヴァルダはその「行為の軌跡」そのものを「意識の流れ」としてとらえかえすわけである。

クレオ自身は、そういう自分を意識することもあれば、しないこともある。『野いちご』のイサクのように、死の形而上的な意味を思いつめてゆくわけでもない。その不安はちょうど暈のようにぼんやりと、意識と無意識の境目あたりを漂うものである。

ヴァルダはこのような微妙な「半意識」とでもいうべき状態を、主として物事にたいするクレオの反応、ごくデリケートな「揺れ動き」のなかにとらえようとする。たとえばクレオは自分が歌っている歌のなかにふと死を意識したり、人だかりのしたショーウインドウのガラスのひびに、思わずいやな予感をかきたてられたりする。あるいはカフェーの人びとに何ともいえない断絶を意識したあと、いきなり女占い師の顔、作曲家ボブの顔、カエルをのみこむ大道芸人、彼女の恋人、部屋のなかの置時計、そんな脈絡のないイメージの断片が、つぎつぎと彼女の脳裏をかけめぐったりもする。いわば死のプリズムを通して、クレオは自分や他人の存在が、日常見えていたものとはちがって見えてくることに気づきだすのである。

同じく目的もなく歩きまわるということでいえば、アントニオーニの『夜』(イタリア・一九六一年）のなかにも、リディアが町や公園やあき地をながながと歩きまわる場面がある。ここで彼女をつき動かしているものもやはり一種の「不安」である。しかしその不安にはこれといって直接の原因がない。強いていえば、それは「本質的」に孤独であることのやりきれなさ、ないし「本質的に」みたされることのない倦怠にほかならない。リディアがぶらぶら街頭を歩いてくる。配達夫らしい男が壁によりかかって何かを食べている。リディアはそれを珍しそうにながめながら通り過ぎ、しばらく行ったところでまたふりかえる。男の方も彼女を見る。地面に古時計が投げ捨てられている。リディアはそれをぼんやりと見つめている。ジェット機が爆音をあげて通り過ぎる。彼女はなんとはなしに空を見上げ、それからある建物の内部をガラス戸越しにのぞく。なかで腰掛けて本を読んでいた男が、外にたたずんでいるリディアに気づく。彼女はあわててその場を去ってゆく。

要するに、こんな場面が延々とつづくと思えばまちがいはない。ヴァルダのカットにくらべると、これらのカットはより抽象化され「直接の意味」はまったくといってよいほどなくなっている。しかしそれらの一見何気ない映像のつみ重ねを通して、私たちはリディアの意識の奥底に、まるであぶりだしのように、うつろな空洞がぽっかりと浮かびあがってくるのを、強く感じないわけにはゆかなくなってくるのである。

ここには明らかに「目に見えない」ものを「目に見える」もののうちに「見る」可能性

が切り開かれており、意識と無意識の間のもっともとらえどころのない「半意識」の世界を、映画に固有の方法で形象化する有力な手がかりが与えられている。ことこのことに関するかぎり、それはヴァルダやアントニオーニの「私映画」化の傾向を批判することのなかに、ごく一般的に流し去ってしまってはならない問題なのである。

◉——存在のドラマ

外界と人間の間に、幸福な予定調和が保たれていた時代は、すでに過ぎ去って久しい。現代では、むしろその関係がかぎりなく分裂し、そこにあるもの、目に見えるものさえも、そう単純には信じられなくなっているところに、その特徴がある。

たとえばロブ＝グリエの『不滅の女』（フランス・一九六三年）には、一見実在しているのかしていないのかよくわからない、レイラという名前の不可思議な女が現われる。彼女はどこのだれともさっぱりわからない。ただ確実にわかっていることは、アンドレがその女に恋をしていることだけである。しかしレイラはいなくなったり、死んだり、またでてきたりする。レイラという名前すら本物でない。事実、アンドレの女中もまたレイラなのである。それは名前一般であり、したがってまた名前でもない。ところが対象から名前を奪い去るということは、対象との間のあらゆる習慣的なきずながくずれ去るということにほかならない。そこで対象は、まったく不可解な「むきだしの存在」そのものとなって現われてくる。レイラという女もそのような存在であり、またそのレイラが口を開けば「みんなニセ物よ」というのもその意味である。事実、そこにあるもの、そこに見えているものは、かならずしも「あるがままの存在」だとはいいきれない。

いわばそのような「存在」そのものにたいする根源的な問いかけをはじめるところで、現代のドラマは、ようやく「現代」であることをはじめだす。つまり映画の「現代」は「事実のドラマ」から「存在のドラマ」への、視点の質的転回のなかに生みだされるのである。たとえばマンキウィッツの『去年の夏突然に』（アメリカ・一九六〇年）がそうであり、アントニオーニの『情事』（イタリア・一九六〇年）がそうであり、そして早くも黒澤明の『羅生門』（日本・一九五〇年）がそうだったのである。

『羅生門』では、まず旅の侍金沢武弘が殺される。その事件のいきさつを、妻の真砂《まさご》、盗賊の多襄丸《たじょうまる》、死体の発見者杣売《そまうり》、巫女に呼びだされた武弘の霊が、それぞれお白洲で物語る。しかしそれぞれのいうことは各人各様に異なっていて、はたしてどれが「事実」であるかはわからない。それを杣売が、羅生門で雨宿りをしながら下人に聞かせるわけだが、杣売のいう「事実」もまた、その「ウソ」を下人によってあばかれる。そして最後まで結局「事実」は示されない。

しかし、ここでもまた「事実」がどうであったのかは問題ではない。なぜならドラマの「真実」は「事実」にではなく、むしろそこにくいちがいがでてくるという現実それ自体、そのことを通して見えてくる人間の不条理、いわばそのような「存在」そのものにあるからである。

同じような問題は、カワレロウィッチの『影』（ポーランド・一九五六年）についてもいえることである。映画の冒頭で、一人の男が列車からとび降りて死ぬ。男の顔はくずれて見分けもつかなければ、なぜとび降りたのかもわからない。この奇怪な事件に端を発して、その事件の処理にあたった医師のクーシニン、警官のカルボウスキー、事件直後に無賃乗車でつかまった青年労働者のミクーラの三人が、それぞれ別の場所で、べつべつの体験を回想する。それらはいずれも信頼していた人間や組織のなかに、まったく思いもかけない奇怪な「影」を見せつけられる物語りであり、その三つの「影」の存在は、もろもろのナゾをかかえたまま列車からとび降りた男に絞られてゆく。

むろんこの場合もまた、映画の主題は、その男の正体を明らかにすることにあるのではなく、むしろそれをこえて、つねに「影」のつきまとう現実そのもののイメージを、まさに「存在」の次元で浮き彫りにすることにある。いいかえるなら、いわば「意外性」によって目のくもりをぬぐいとり、「あるがままの存在」を「裸の眼」で直視しようとしているのである。

「存在のドラマ」に共通してみられるこの「意外性」は、多くの場合「事実の時間・空間」が「観念の時間・空間」に変えられるときの「錯乱」として現われる。つまり「事実」としての各エピソードはまったく「相対化」されており、それらが一定の配列でお互いにぶつけ合わされることによって、そこにはじめて「存在」としての新しい現実の観念がかたちづくられるということである。

そのとき、作家はスクリーンのなかから、見るものに何らかの結論を一義的に押しつけようとはしない。むしろその反対に、観客が普通の映画を見るように、いわば「受け身」で見ようとすることを拒絶する。それは観客を「能動的」にそのドラマに「参加」させ、絶えずスクリーンとの間に動的な関係を結ばせながら、そのドラマを自分自身の意識の内側に完成させるのである。

●――思索する映像

ある作品が、それを見るものの能動的な参加をまって完成するということは、作家の問題追究の不徹底さを、いわば観客の側の受けとめ方の問題に解消してしまうということではない。それは言葉の正確な意味において「見る」ことを「自由」にすることでもある。むろんそのことは「主体的に見る」ことのきびしさを要求することであり、しかも、それはその作品自身がどれだけ現実を主体的に見ているかに対応して要求されるものにほかならない。

そのことを深く考えさせずにはおかない作品としてレネの『二十四時間の情事』(日仏

合作・一九五九年）がある。

この作品は、ヒロシマにやってきたフランスの女とある日本人の男とが、裸でかたく抱き合いながら、なんとも奇妙な会話をとりかわす場面ではじまっている。女は「私は病院も見た、博物館も見た、ニュース映画も見た」といい、原爆のもたらした惨劇を何もかも「見た」という。すると、そのたびに男はただひとこと「君は何も見ていないよ」とくりかえすのである。たしかに女はヒロシマの「事実」を、あらゆる角度から実にたくさんよく「見て」はいる。しかし、女はヒロシマの「意味」を何も見ていない。つまり、女は「見えるもの」の累積として、ヒロシマという事件を、あくまでも自分の「外側」に「傍観」したにすぎないのである。

レネは、ここでまず、いかに同情や恐怖や怒りをもって見ようとも、それを自分の「外側」に見ているかぎりは「何も見ていない」にひとしいというわけである。しかし、その否定にはよく考えてみると二重の意味がふくまれている。

女があれも見たこれも見たというとき、そこにはさまざまなヒロシマの「事実」の映像が挿入されてくる。そのなかには亀井文夫の『生きていてよかった』や関川秀雄の『ひろしま』のショットもふくまれている。しかし、それらは結局ヒロシマを「ケロイドという直接性」でしかとらえておらず、その意味で女が「見た」という次元と同じレベルでしかヒロシマを見ていない。つまり「何も見ていない」という言葉は、それらの映像にたいしても向けられていたはずである。

そこで当然、それではヒロシマを「見る」ということはどういうことなのかということが問題になってくる。そして、レネはこの作品全体で、主題のうえからも表現のうえからも、まさにそのことの意味を追究しているのである。

女はヒロシマとヒロシマでの恋をきっかけとして、ヌベールとヌベールでの恋の記憶をよみがえらせてゆく。そこには彼女が忘れよう忘れようとして忘れることができずにいた、彼女の決定的な戦争体験（初恋と男の死）があるのである。そしてその体験をヒロシマの「いま・ここ」でふたたび生きることにより、彼女にとってのヒロシマの意味が変質しだすのである。

その頂点になるのが、バー「どーむ」の場面である。レネはここで日常的な時間・空間をばらばらに解体し、それを体験の意味をまさぐる「意識の時間・空間」に再構成する。つまり回想として過去にもどるのではなく、ヒロシマのその場面にヌベールの映像が「現在」としてよみがえり、彼女は恋人の「彼」を「どーむ」の男を前にして「あなた」と呼ぶのである。いいかえるなら三人称が二人称化され、ヌベールとヌベールでの恋が、ヒロシマとヒロシマの恋に重なり合うのである。

こうしてヒロシマのなかにヌベールを見、ヌベールのなかにヒロシマを見る意識が生まれてくる。つまり彼女は自分自身の戦争体験をかいくぐって、その「内側」にヒロシマの

「意味」を見いだしてゆくのである。その意味で、女にとってこの二十四時間は、それこそ情事のそれではなく、その個人的な特殊な体験を普遍的な体験と交錯させ、そこに共通の意味を見いだしてゆく二十四時間だったのである。最後に女が男を「ヒロシマ」と呼び、男が女を「ヌベール」と呼ぶのは、そのゆきずりの恋のはかなさを物語ると同時に、その結びつきの深さを示すものにほかならない。

レネは、ここで「見る」ということがどういうことなのかを、実にみごとに表現しているのである。要するに、それは対象を「主体化」するということであり、レネはそれを作品そのものの「主題」と「表現」のうちに追究して見せただけでなく、作品を「作り」そして「見る」ということそのものの意味としても追究して見せたのである。

レネの映像は、いわば「思索する映像」である。それは映画が終わったあとまでも、観客をながいこと「思索」させずにはおかない不思議な力をもっている。しかし映画を「主体的」に見ようとしない日本の観客は、まさに世界を震駭させたこの作品を、上映わずか四日間で打ち切らせたのである。

◉――可能性と障害

これまで述べてきたこと以外にも、映画について語るべきことはまだ山ほどもある。当然触れなければならなかった作家や作品で、ついにひとことも触れずに終わったものもすくなくはない。とくに喜劇とミュージカルの問題を扱えなかったこと、あるいはまたスリラー映画と空想・怪奇映画について語りえなかったことは、それらに多くの可能性の芽があるだけに残念である。

しかし、最後にどうしても触れておきたいものが一つある。それは記録映画から実験映画までをふくむ、いわゆる劇映画以外の芸術映画の問題である。それは一般に商業ベースによらないためとかく知られなさすぎるが、それらの映画が映画史に及ぼしてる影響は、普通想像されているよりもはるかに大きい。それは、戦後のイタリアン・リアリズムからヌーベル・バーグにいたる、いわゆる「新しい映画」といわれたもののほとんどが、主としてソビエトとイギリスのドキュメンタリー映画、およびフランスとドイツのアヴァンギャルド映画に、それも決定的に影響されているということによく示されている。

事実、ブニュエル、ロッセリーニ、クレマン、ゴダール、アントニオーニ、そしてレネなどは、直接彼ら自身、記録映画や実験映画の畑からでてきた作家にほかならない。そして日本でも見ることができた彼らの作品、たとえばブニュエルの『アンダルシアの犬』『黄金時代』、クレマンの『鉄路の斗《たたか》い』レネの『ヴァン・ゴッホ』『ゲルニカ』『世界の全ての記憶』『夜と霧』などを思い浮かべただけで、その種の映画にいかに独自な芸術的可能性があるかということを思い知らされるのである。

一般にもよく見られて好評だったラモリスの『素晴らしい風船旅行』(フランス・一九六

〇年）なども、この種の映画の、ごく親しみやすい一つの傾向を代表するものである。彼の世界は、子どもの夢を映像化したような映画詩の世界だが、彼の作品としてはむしろ『白い馬』や『赤い風船』の方が、その詩的結晶度はより高い。

そういえば、これら非劇芸術映画の特徴は、劇映画がより小説的であるとするならば、より「詩」的であるといってもまちがいではあるまい。むろんひとくちに「詩」といってもいろいろな傾向の詩があるように、いわゆる「映画詩」と呼ばれるものも多種多彩である。そこには、一方でスターンの『真夏の夜のジャズ』（アメリカ）、イベンスの『セーヌの詩』（フランス）、私の『西陣』（日本）のような、どちらかというとドキュメンタリー的傾向の映画詩もあれば、他方、ポランスキーの『タンスと二人の男』、イエドリカの『スタジオン』、ボロヴズィックとレニッツアの『ドム（家）』（いずれもポーランド）のような、いわば実験映画的傾向の映画詩もある。

『ドム』（一九五八年）などは、そこに一人の神秘的な女が現われて、ちょうど相撲の分解写真のように、幾度か顔をカクカクと上下に動かしたり、その間にいきなり金髪のかつらが机の上にはいあがってきて、まるでアミーバーのようにレモンやコップをのみこんでしまったり、つぎからつぎへと奇想天外なイメージが現われる。つまり『アンダルシアの犬』がそうだったように、これもまた不可思議な無意識世界の映像化なのである。

同じく奇想天外な世界を描きながら、これまたちがった独自なイメージを作りだしているものに、ゼーマンの『悪魔の発明』(チェコ・一九五八年)がある。筋立ては単純だが、全編銅版画のなかで人間が動きまわるという卓抜なアイデアと、それを実現してしまうという驚くべき技術力の結合が、実にすばらしい想像的世界をつくりだしているのである。その他、フィルムに直接絵や音をきざみこんだマクラレンの『ブリンキティ・ブランク』(カナダ)だとか、黒コマと白コマだけをモンタージュしたクーベルカの『アルヌルフ・ライナー』(オーストリア)だとか、さまざまな貴重な実験の例はまだかぎりなく多い。

しかし一般に、いわゆる非劇映画の分野は「日の当たらない場所」にいる。したがって、実際にそのような作品が作られる機会は稀でしかない。つまり作られている作品の大部分は、芸術と無縁なのである。もっともそのことは劇映画の分野でも同じことにちがいない。ここでもまた、芸術としての映画が生まれる機会は、やはり稀である。

それは、こと芸術上の問題だけでは解決のつかない、多くの障害がありすぎるからである。日本の場合、とくにその制作配給システムは最悪であり、だれが見ても、ここからすぐれた作品がでてくるとは思えまい。むろんわがもの顔でのさばっているのは職人であり、本ものの芸術家はとかく疎外されている。しかも奇妙なことに、ことあるごとに新人がいないということが強調されるのである。

しかしほんとうのところ、いつの世にも名馬はつねにいるのである。そしてつねにはいないのが、やはり博労《バクロウ》にほかならない。

2

私は、かつてフランスの短篇映画『ゲルニカ』を見たときの強烈な印象を、今でも忘れることができない。

この映画はピカソの壁画『ゲルニカ』を素材としているが、普通よく美術映画とも呼ばれているものとは、異質のものである。たとえばカメラがタブローのうえを動きまわるとき、それはさまざまな「部分」を分析的に示すことで一歩突込んだ鑑賞映画を意図しているのでもなければ、またタブロー自身の表現している世界を映画独自の表現形式を通して一段と強調し、そのことによって演出家の解釈や感動を交えようとする一種の啓蒙映画を意図しているのでもない。むろんそういうたぐいの映画を見るくらいなら、せめてスキラ版かなんかの複製でも見ていた方がましである。

ところがこの映画の監督アラン・レネは、どうやらサドの眼で状況を見つめることのできる数すくない作家の一人であるらしく、映画はなまぬるい感傷などかなぐり捨てて、あの猛烈なピカソの絵をさらにズタズタに分解してしまうのである。カメラは縦横無尽にタブローを切断し、それらの「部分」としての意味を奪いとり、それらを対立させ、はげしく結合する。そしていたるところ、たとえば「青の時代」のうちひしがれた人物像が現われては消え、消えては現われるといったぐあいにダブル・エクスポージャーが駆使されていて、まさに超現実的な世界の妖気が立ちこめ、見るものをいやおうなく異常な緊張のうちに圧倒せずにはおかない。

それにしても、映画『ゲルニカ』に、壁画『ゲルニカ』のフル・ショットが、ただのワン・ショットもでてこないというのはどういうことなのであろうか。もっとも三対四のスタンダード・トーキー・フレイムによれば、このやや横長の絵は処理上はなはだ都合が悪いという事情もあるにはあったろう。だが、もしあくまでも作家の前に置かれたタブローそのものを映画的に「再現する」ことが問題であったとするならば、たとえ横移動をしてでも、ともかくワン・ショットのうちに絵の全体を収めないということはまずありえない。とすれば、アラン・レネにとっては、ピカソの『ゲルニカ』を「見せる」ことなど、はじめからぜんぜん問題にしていなかったにちがいないのだ。

事実、アラン・レネはピカソの『ゲルニカ』を直接の対象としながら、すくなくともそれ自体の素材的な強みにもたれかかろうとはしていない。ひとつひとつのショットに写されたものは、むろんどれをとってもピカソの絵そのものである。しかし、それはあくまでも「レネの見たピカソ」、あるいは「ピカソを見ているレネ」であって、いうならばピカソそのものではなくなっている。映画から受ける感動が、もはやピカソの絵それ自体から受ける感動とは「別な何ものか」に変貌しているのはそのためである。

要するに、ここではすでに素朴な意味での記録性が否定されている。外側の世界にレンズを向けながら、その焦点は、まぎれもなくレネ自身の内側の世界に合わされているからである。彼はピカソを「見せよう」としたのではなく、「見よう」としたのであり、彼の記録しようとしたものは、彼自身の見たヴィジョンそのものにほかならない。

レネにとって、対象をフレイムで切りとるということ、個々のカットをモンタージュするということ、それは対象を説明的に再現する技術と無縁のものであることはもちろん、対象をエモーショナルに描写する手法ともまた無縁なものである。そういえば、今日カメラワークやモンタージュが、対象のもつ意味を強調し、対象にたいする作家の心理や情緒を対象に同化させる能動的な方法として、その機能的な意味がいまさらのように重視されてきているが、そんなことはそもそもミュンスターバーグやエイゼンシュテイン以来の常識に属することで、現代芸術の課題はむしろ対象にたいするそのような素朴な信仰を、したがってまた対象との融和的な関係のうえに成り立つあまりにも古典的な人間像を、どう破壊するかということにこそ向けられるべきなのだ。レネの『ゲルニカ』に見られるフレイミングやモンタージュが、まさにそのような課題を意識したものであることは明らかである。それは「眼に見える」対象的な外部世界を懐疑し、「眼に見えない」内部世界へと主体的につき進んでゆく方法にほかならなかったのである。

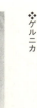

対象的な外部世界と対立した主体的な内部世界を自覚するということは、およそ自然や社会と人間の間に保たれていた相対的な均衡と調和が根底からくつがえされた瞬間から、具体的には第一次大戦を決定的な契機として、この呪われた季節をくぐり抜け、もはや既成の価値や秩序のいっさいを信ずることのできなくなった、新しい戦後世代の作家たちによってはじめられたものである。彼らは現実のメカニズムによって引き裂かれた人間状況を、物質と意識、外部現実と内部現実とのまったく新しい関係の認識のうえに、対象にたいする主体そのものの根本的な変革というパースペクティヴから抉りだそうとした。したがって、それは当然古典的なリアリズムにたいして、自己をアンチ・テーゼとして規定しなければならなかったのである。そしてそのゆえに、私は第一次大戦後のアヴァンギャルドに、きわめて今日的な意義を見いだすのである。

❖ゲルニカ

しかし、私がアラン・レネをひき合いにだしながら新しい方法を問題にしようとしているのは、なにも二〇年代のアヴァンギャルドの線まで逆もどりしようとするためではない。今日なお支配的な公式的俗流リアリズムをうち砕き、新しいリアリズムを確立するためには、この内部のリアリズムとでもいうべき二〇年代のアヴァンギャルドとは、どうしても対峙することを避けられないと思うからである。

第一次大戦後のアヴァンギャルド映画は、ドイツとフランスで、かなり対照的な展開を見せている。ドイツでは、たとえばウィーネの『カリガリ博士』のように、怪奇と幻想を異常な背景的効果と誇張されたアクションのうちに現わそうとする表現主義の映画、およびエゲリングの『対角線交響楽』、リヒターの『リズム』の連作、ルットマンの『作品』の連作のように、いっさいの文学的説明的要素を排除して、抽象化された内面の運動そのものを純視覚的な運動に還元しようとする絶対映画があった。また一方フランスでも、最初はムシナックのシネ・ポエム論などの影響下に視覚的リズムを求めて、いわゆる純粋映画が生まれ、マン・レイの『理性への回帰』、レジェの『機械的舞踊』、ピカビアとクレールの合作『幕間』等を代表作としたが、まもなくシュールレアリスムの運動と結びついて人間の無意識の世界に迫り、想像力の無限の解放をめざして、デュラックの『貝殻と僧侶』、ブニュエルとダリの合作『アンダルシアの犬』、マン・レイの『ひとで』などを代表作とした。それらシュールレアリスムの方法は、対象のもつ日常的な意味と効用の剝奪による物体（オブジェ）の発見、および異質な物の逆説的な結合と転位（デベイズマン）をその特徴としており、それを手がかりとして内部世界の対象化を試みた。

これらのアヴァンギャルド映画は、花田清輝流にいうと、一方は観念の世界の非具象的――合理的なものの動きを、他方は無意識の世界の具象的――非合理的なものの動きを、それぞれ大胆に視覚化しようとしていることはいうまでもない。しかし一九三〇年代以降の社会情勢の変化と、それに対決した作家の主体意識の変化のなかでは、この歴史的なアヴァンギャルドの方法は、そのまま今日のアヴァンギャルドの課題に直結してゆかない限界をもっている。問題はそれらが内部の世界をとらえる方法として、それぞれ他方に対立する極としての一面性にとどまっているという点だけにあるのではない。むしろいっそう問題なのは、自然主義が素朴に外部の世界にへばりつき、その即自性に安住しているように、それらが総じて素朴に内部の世界にへばりつき、その即自性に安住している点にある。つまり、外部の世界と内部の世界を、絶えず主体的にかかわらせようとする厳しさに欠けているのである。

むろん『アンダルシアの犬』のなかの、雲が月の上を通過し、剃刀の刃が女の眼を截断するなどという描写や、掌のうえにいっぱい蟻が群がりでてくるなどというイメージは、いちおう内部と外部の対応をふまえようとしてはいる。しかし、この熾烈厳格な想像的精密さで具象化された世界は、ダリのいわゆる象徴機能のオブジェ以外の何ものでもなく、そこには強力な現実批判と、主体の回復につながらないフェティシズムの危険が、すでに内深く胚胎していたといえないこともない。『糧なき土地』を契機にアヴァンギャルドをドキュメンタリーに統一させてゆく方向へと進んだブニュエルが、物体と人間の葛藤をとおして内部の不条理を抉りだし、それを媒介として外部の不条理を浮き彫りにしてゆくというアヴァンギャルドの方法的な核心を、たとえば『忘れられた人々』のような高度のリアリズムに止揚していったのに反し、他方ますます社会的諸現実からきりはなされた閉鎖的な物体の神秘のなかに埋没し、そのことによって商品生産社会では人間の基本的な関係が物との幻影的な関係としてあらわれるというマルクスの言葉を現実的に立証しつつあったダリが、やがてはファシズムへの傾斜を示し、アメリカ移住後は芸術的にも急速に衰弱していったのもけっして偶然ではなかったのである。

第一次大戦後のアヴァンギャルド映画を、今日のドキュメンタリストがとりあげる観点は、したがって明らかである。それは否定の否定を目指して、従来のドキュメンタリー映画と従来のアヴァンギャルド映画を止揚すること、いいかえるなら、外部世界と内部世界をその対立と統一において総体的にとらえること、両者のジン・テーゼである新しい映画の可能性を志向することにある。そしてその可能性の手がかりを、私はレネの『ゲルニカ』のなかに見いだすのである。

レネの『ゲルニカ』は、与えられたままの絵画『ゲルニカ』を一見否定しながらも、絵画『ゲルニカ』をたんに恣意的な素材としてとりあげたわけではなく、むしろ絵画『ゲルニカ』を対象としてのみ、すなわち、荒れ狂う馬、横たわる屍、炸烈する燈火、のけぞる女、すべてが黒と白と灰色で覆われたあのピカソのアクチュアルな造型そのものの即物的なドキュメントを通してはじめて外化しうる内部世界の形象化を媒介としてのみ、はじめて映画という自立した別次元の現実で、絵画『ゲルニカ』の世界と同質化しえたのである。そうではなく、もし映画が絵画『ゲルニカ』を説明的に模写することに終始したならば、映画の表現しえたであろう世界が、絵画『ゲルニカ』の世界とはおよそほど遠いものになったであろうことは、想像するに難くない。いいかえるなら、たしかにそこには『ゲルニカ』が映ってはいても、『ゲルニカ』不在の『ゲルニカ』でしかありえなかったにちがいないのである。

このことは、いわゆる外部世界をあますところなくとらえるためには、内部世界をあますところなくとらえねばならぬこと、内部世界を正確につかみとるためには外部世界を正確につかみとらねばならぬこと、したがって両者の関係を総体的にドキュメントするためには、その関係の弁証法をまさに新しいドキュメンタリーの方法として精密に論理化しなければならぬことを意味している。

その際とくに重要なことは、これまでのリアリズムがほとんど無視してきた無意識の領域を意識化し、対象化することである。つまり、変動するアクチュアルな新しい現実に対応して、つねに意識された部分からはみでるように生成する内部の複雑な動き、および疎外と抑圧によって心の虚像とでもいうべき潜在的部分に閉じこめられたユングのいわゆる集合的無意識のようなもの、あるいはルフェーブルのいわゆる芸術の生物学的内容とでもいうべき、性的なものまでも含めた本能的無意識的なスポンタニアスなもの、それら総じて意識下の世界を、それと対応した外部世界そのもののうちに発見することがたいせつである。それは方法的には、既成の意識や感性によって事実に与えられている因習的な意味や効用性を事象の表面から剝ぎとることによってその裸形の姿を発見し、そのむきだしの事実そのものの独自な運動にしたがって、それと対応する心のかくれた部分をひきずりだすということにほかならない。外部から内部へ、内部から外部へ、この弁証法的な往復運動の精密な深化こそ、作品のリアリティを保証し、現実の主体的な表現を可能にするのであり、そのような分析と綜合のつみ重ねこそ、対象としての具体的なものを、作品としての具体的なものにする唯一の保証なのである。その点、はからずも映画『ゲルニカ』の方法が、絵画『ゲルニカ』の方法とも多分に共通しているのは興味ある事実である。

私はさきに「作家の主体ということ」というエッセイのなかで、戦中戦後にわたって前世代の映画作家のほとんどすべてを根深く腐蝕してきたそのおそるべき主体喪失の状態を糾弾したが、そのなかの創作方法の問題に触れた部分でつぎのように書いた。

「内部の意識とは、現代における外部世界と主体との決定的な断絶、その関係の物神化、古典的人間像の崩壊という事実の認識の上に成立する意識である。自然主義者は、資本主義的疎外が、何よりも自己の内部の物質化、主体解体の過程としてあるということを肝に銘ずるべきであろう。自らの内部世界を自覚することなく安易に外部にもたれかかるとき、彼らは因習的な意味と情緒、事柄と雰囲気を通してしか物事をとらえることができず、想像力を枯渇させ、救い難き感性のパターンをつくりあげるに至ったのだ。対象を非情な眼でとらえようとするドキュメンタリストが、内部のドキュメントということを媒介として現実の総体的な把握に進みえず、一見縁もゆかりもないかにみえるアヴァンギャルド芸術と鋭く対決し、これを自己否定の契機としてより高次のリアリズムを志向しえなかったのは、ほかならぬ作家の主体意識の欠如にもとづくものであった」

この文章は、その後多くの作家たちによって何がなんだかわからぬものとして総攻撃を受けたが、私のいわんとしたことは、以上レネの『ゲルニカ』について論じたことによって、よりいっそう明瞭になったはずである。問題を普遍化すれば、映画『ゲルニカ』に対応する絵画『ゲルニカ』の関係は、もっと現実のアクチュアルな状況一般として理解してもらって一向にさしつかえない。

今日われわれをとりまく現実の姿は、そもそもその表面にまつわる常識的な因果律をはぎとるとき、きわめて超現実的な世界となってたちあらわれるものである。ここでは「事柄」は「状況」ないし「存在」として、「意味」は「裸形の物体」として見えてくる。

そして、このむきだしの世界のドラマには、情緒や雰囲気という形であらわれる甘ちょろいヒューマニズムなど、まったく介在する余地はないのだ。同じく社会主義リアリズムが一見本質的な世界の把握と創造を目指しながらも、実際にはきわめて素朴なテーマ至上主義と政治至上主義に陥込むにいたったのは、たとえばエレンブルグがいうように「人間」を描くことに欠けていたからとか、ニコラエーヴァがいうように論理的思惟と形象的思惟とを混同していたからとかに、その原因があったのではない。それはステレオタイプと化した自己の観念や感性を、アクチュアルな物質的現実によって不断に自己否定してゆく強靭な主体意識の欠如と、外部現実と内部現実の対立と統一によって世界を総体的に把握し表現するという方法意識の欠如にこそ帰せられるべきものだったのである。したがって社会主義リアリズムは、主体的な内部世界との対決と変革を回避し、対象にたいする主体の関係において、自然主義の本質をそのまま温存したのである。要するに疎外の状況から真に人間的なものを回復するためには、むしろ事物の本質に迫ることを妨げているあいまいな「人間性」などというものを、一度徹底的に追放しなければならないのだ。もっともその際、オブジェの発見による方法上の意識的な人間解体と、人間そのもの、あるいは作家そのものの、社会現象としての物質的自己解体との、微妙ではあるが決定的なこの二つのもののちがいを、明確に区別しておくことが必要である。オブジェへの無批判的呪物的な信仰が、作家の解体された意識の無意識的な自己表現にすぎないことは、ダリを批判したところでもすでに指摘した通りである。

以上のことからも明らかなように、われわれドキュメンタリストにとっての緊急な課題は、いわゆるグリアスン流の認識至上主義的な方法のゆきづまりをその根底からうち砕き、ドキュメントという言葉の意味を、一刻も早く自然主義の桎梏から解放することにあるのだ。むろんドキュメントという言葉の新しい今日的な意味は、事実を事実としてそのアクチュアルな物質的現実を、それがまさに同時にそれと対応する内部現実の克明な記録であるようなしかたで記録すること、外部の記録と内部の記録を、外部の記録を支配的な契機として、その二つの世界の記録を弁証法的に統一することにある。そして、その可能性の手がかりを、私は、一般的にはほとんど問題にされていないアラン・レネという作家の、わずか十分ばかりの作品『ゲルニカ』のなかに見るのである。

ここには、疑いもなくドキュメンタリーがアヴァンギャルドと統一される地点がある。そして、それはもはや過去のいわゆるドキュメンタリーをも、また、過去のいわゆるアヴァンギャルドをも意味しない。それは、それぞれ一方が他方を対立物としてその一面性を超克した、いわば一次元高い可能領域のあることを暗示するものである。私は、これからその可能領域をさして、前衛記録映画ないしネオ・ドキュメンタリーと名づけたい。この未開の世界を目指す映画こそ、現代の課題に答えうる最も有力な変革の映画となり、新しいリアリズムの映画となることは、もはや時間の問題といってもいいすぎではないのである。

方法とイメージ

マヤコフスキーは、詩というものを、詩以外のものによっては解決しようのない、そういった問題の、詩による解決であると考えていた。ここには、さしあたって、芸術創造の本質に触れる二つの問題が提起されている。それは第一は、詩の対象そのものが、それ自身雑多な構造をもつ現実の事象に、詩人が、詩という形式を媒介として「固有のかかわり方」をすることのなかから、そもそも詩人に内的必然のものとして選択されなければならないということであり、第二に、それはあくまでも、詩のみがなしうる「固有の形象」で解決されなければならないということである。このことは、まず小説でも、絵画でも、映画でも、芸術にとって共通の対象となしうる、それらに同一の内容が先行しており、それに詩という形式を与えるといったたぐいの安易な思想を否定する。まして、科学も芸術も、ともに客観的な真理ないし現実を同一の内容とし、芸術は形象という形式をもって、それを特殊的に反映するなどという俗流反映理論を否定する。詩は、詩以外のなにものによってても本質的に置き換えることのできない「固有の内容」と「固有の形式」を厳密にもつべきで、その解決の主体は、詩人に固有の内部的葛藤を経て、ただ詩作によってのみその解決をはからなければならないのである。

同じことは映画についてもいえることである。まず今日巷に氾濫している劇映画は、そのほとんどすべてが、登場人物の相互関係、および登場人物と環境との関係のうちにひき起される矛盾相剋と、それによってもたらされる変化発展を軸とした事件展開ないし物語性にその骨格をおき、セリフと演技にきわめて大きなウエイトをかけてはじめて成立しているという点で、それがたとえどんなに巧みに映画的に処理されていても、その本質は、小説や演劇(それも一九世紀的なそれ)に完全に隷属している。小説や戯曲の映画化がごく一般的に行なわれ、それが他の映画とほとんど区別もつかぬ状態でなかよく共存することができているような、そういう今日の劇映画一般が、すでにドラマを、映画によってしか解決できぬものとして厳密に追求することをやめ、映画にのみ固有の解決を放棄しているのである。オリジナルものにおいても、それが逆に小説や演劇にかんたんにおきかえられるようなものであるかぎり、それはたんに原作と同じ役割をもったプロットをシナリオライターが自分で作りあげるだけの話で、やはり映画に固有の創造という意味でのオリジナリティは疎外されている。このことは、また別の面からみれば、ひき写し的に映画化されるような小説や戯曲自身、すでに今日的な小説や演劇の課題からおよそとり残されたものであることをも意味している。例えばカフカの『変身』であるとか、ボルヒエルトの

『戸口の外で』などは、そうやすやすと映画化できるような代物ではない。

いわゆる従来の記録映画もまたこの欠陥から解放されていない点では、けっして例外のものではありえない。それは事実に基礎を置き、フィクションを排して、対象の運動を忠実に定着することを大前提としてきただけに、ある意味でその誤謬は救いがたいまでに拡大されている。すなわち、その問題のとらえ方、表現された内容は、ある場合、まったく社会科学書や自然科学書にすぎず、またある場合、記念や資料の意味での記録でしかなく、またある場合、宣伝パンフレットであり、教科書であって、それが視聴覚的な具象性をもって示されるという以上に、なんら映画であることの必然性をもっていないものが大部分を占めているといってもいいすぎではない。したがって映画による解決、その形象の創造は、当然それに比例してきわめて安易に流れ、一方で対象的外部世界の日常性にへばりつき、他方でコンストラクションをコメントに依存し、全体として解説的・説明的な認識至上主義にむかい、もっぱら概念の絵ときに終始している場合がその大部分である。

つまり一般的にいうと、他の表現形式との間にかんたんに可逆性をもちうるようなものは、それが共通して自然主義的な構造をしているものであることが、その特徴として指摘できる。というのも、自然主義は、ひとくちにいって素朴に対象的な外部世界に没主体的にかかわるところに成立するものであるがゆえに、その無媒介的な外部対象の世界が、その可逆性の橋渡しを容易に可能にしているからである。だから作家が自然主義の尾骶骨を残しているかぎり、映画のトーキー化、色彩化、スクリーンのワイド化、立体化など、それ自身、表現の可能性を飛躍的に拡大させるはずの技術上の革命を、芸術上の革命に転化させることができず、逆にその光学的機械的な反映能力が、対象的外部世界に、（もっと厳密にいえば、それに適応している人間の日常的感覚の形式に）現象的により近似するという一面の模写機能にひきまわされて、いっそう素朴な写実へと逆行してゆく傾向を生んだのも、当然のことだったのである。

　要するに決定的に欠けているものは、想像力であり、映画に固有のイメージである。イメージとは、サルトルによれば「対象物の〈類同的代理物《アナロゴン》〉（représentant analogue）としての資格であらわれて、それ自体としてはあらわれない、物的あるいは心的な内容を通して、不在あるいは非在の対象物を思念する（狙う）作用」である。だからイメージとは一つの意識形態であり、作家は、光と影、物の形と色、それらの運動という映画の知覚的素材を組織して、それに統一的構造を与えることにより、自己のイメージを客体化し、それを作品という物質的アナロゴンに変えるのである。われわれがある作家の映画を見て固有のイメージを感じ、自己の内面に一つの特殊な意識形態が生成構築されるのを感ずるのは、この作品の特定な構造が、必然的にわれわれの心的運動を誘導して、ある特定な軌道のうえを、絶えず知覚から想像的意識へとむかわしめ、そこに統一した、堅固な生動する、独自な秩序を与えるからにほかならない。

では映画に固有のイメージは、何によって形成されるのか。それは映画形式の基本的な構造因子である、フレイミング、モンタージュ、コンストラクションの三つのエレメントによって形成されるのである。だが対象をフレイムで区切りとるということや、それらの断片をつなぎ合わせることが、対象をより理解しやすいように描写する説明的な技術であったり、たんに画面に変化を与え、テンポやリズムをつけるための形式的な手段であったりする場合はもちろん、それが対象のもつ意味を強調し、対象にたいする登場人物ないし作家の心理や情緒を対象に移入同化し、対象をエモーショナルに表現する主観的な方法としてとられている場合でも、それは言葉の厳密な意味において、現実の核心を抉り、これを立体的に浮かびあがらせるような、鋭い積極的な映画的イメージとして把握されているとはいいがたい。

結論的にいえば、映画的イメージの世界は、フレイミングが対象の直接的所与性を否定し、モンタージュがユークリッド的な運動構造を否定し、コンストラクションが常識的な因果律と物語性を否定するところから始まる。すなわち、対象的外部世界への素朴な信仰を拒絶し、日常的対象性に調和した、観念や感性のステレオタイプを破壊することによってのみ、積極的なイメージは創造されるのである。

例えば、サルトルの小説の主人公ロカンタンは、公園のマロニエの木の根っこを見ているうちに、突然はげしい眩暈に襲われ嘔吐を催した。それは何かの瞬間、その木の根が知覚の対象であることをやめて、あるアプシュルドなイメージを構成する外在的アナロゴンに変貌したことを意味している。この瞬間、マロニエの木の根は、木の根としての「意味」を失い、いわばむきだしの「もの」として現われたのであり、その「もの」の独自な構造と運動が、対応的に心の奥にかくれていたある状況を、明確なイメージとして意識化させ、これをこの「もの」に客体化させたのである。ロカンタンが、この黒い節くれだった、生地のままの物塊のイメージに嘔気を感じたのは、そこに根源的な不条理としての実存を発見したからにほかならない。

このようなイメージの構造は、すでにシュールレアリスムのオブジェによって自覚され、方法化されてきたが、映画におけるオブジェの創造は、まずフレイミングによって可能となる。同一の被写体も、それは、カメラのポジション、アングル、サイズ、その使用レンズ等、フレイミングの相異によって、決定的に質のちがった映像として現われる。ある瞬間に、ある視点から、あるフレイムで対象が適確に切り取られれば、それは被写体の表面的な意味性を剝奪して、この本質的な相貌をむきだしにし、同時に作家の内部意識を熾烈に客体化するアナロゴンとなるのである。このようなとき、そのフレイムの視覚構造は、対象物にたいするわれわれの日常的な視覚構造を否定しており、したがってパヴロフ流にいうと、それは第二信号系のステレオタイプ化した「意味」として把握できず、視覚と意味との平衡的な疎通関係を破って、いわば強烈なショックを与える「もの」として受けとめられるのである。鮮明なイメージが生まれ、対象にたいする主体そのものの根本的変革というパースペクティヴから事物の核心に迫ることができるのは、まさにこの瞬間においてなのだ。

だが、映画は何よりもショットの連続しての時間芸術である。だから、ある対象のクローズ・アップが、単独では強烈なイメージをもったオブジェ的画面であっても、その前に、そのひきのショットがあって、クローズ・アップはその特定の意味をもった部分に観客の注意を集中させるという意図をもってつながれているような場合は、それらの連続によってゲシュタルトされるイメージはまったく別のものとなり、そのデクパージュはある場合はきわめて説明的にすらなってしまう。またそれとは逆に、単独のショットとしては何の変哲もない描写的な画面であっても、それがその前後のショットないしショット群のなかに、例えば、ロオトレアモンの「ミシンと蝙蝠傘とが解剖台の上で偶然に遭遇した」というぐあいに、相互にまったく異質の画面の逆説的な結合としてはめこまれた場合、それらの連続によってゲシュタルトされるイメージは、描写や説明とはまったく無縁の、独得な想像的世界を構成することにもなるのである。メルロー゠ポンティが、「ある映像の意味は、その映画においてそれに先行する映像(複数)に左右され、映像の継続は、用いられた要素の単なる集積とは違った新しい現実を創造する」といっているのはその意味である。

つまり、映画のこの働きこそモンタージュと呼ばれるものにほかならない。モンタージュの原理は、エイゼンシュテインやプドフキンによって基本的に明らかにされているから、ここでくり返す必要はないが、わたしは、とくにそのなかでもっとも今日的に重要と思われるアトラクションのモンタージュと、シュールレアリスムのデペイズマンおよびオブジェの方法とを、統一的に把握する方向に、より積極的な意味を見出したいと思うのだ。アトラクションのモンタージュは、周知のごとく、そのシーンに内在する現実的な素材で、しかも相互に独立し、直接的に関連のないべつべつのアトラクティヴなショットを、全体を構成する基本的なエレメントとして、それらを自由に結合することにより、一つの明確なイメージとテーマを表現する方法である。だが、エイゼンシュテインが『戦艦ポチョムキン』を作った頃のように、文字どおりの革命期、ないし時代の激動期においては、アトラクティヴな要素は、現実の事件の諸断面にむきだしにされ、きわめて顕著に外在していた。しかし、戦後十数年を経た日本の現実では、さらに複雑な矛盾をもった歴史の変革期にありながらも、一般的にいって、そのモメントは相対的な日常性のヴェールにつつまれ、矛盾が複雑であればあるほど、相剋は内向しているといえる。例えば、エイゼンシュテインがやったように、握りしめたこぶしの二、三カットを結節点として、殺されたヴァクリンチユクへの嘆きのテーマから、怒りの示威行進のテーマへと事態を質的に転換させうるほど、今日のわれわれの現実は単純ではないのだ。とすれば、ここでもわれわれにとって必要なのは、そのような現実の日常性の奥に本質的な矛盾を見ぬくこと、それも概念としてではなく、明確なイメージとしてとらえることであり、したがって、われわれのステレオタイプ化した観念や感性を不断に破壊する主体的な格闘を通して対象に肉迫することである。したがってこのような地点においては、アトラクションの概念は、事物の存在や行為の即自的な意味を否定して、もっと多角的な状況が一点に凝縮し、集中されるような、アトラクティヴなイメージを構成するアナロゴンとしての、「もの」や「運動」の意味で理解されなければならない。同様に、モンタージュそのものの機能も、たんにアトラクティヴなディテールの自由な結合により、全体の統一的なイメージを構成するということから、さらに、かならずしも空間的にも時間的にも、また意味的にも連続しない、アトラクティヴなイメージを正確にぶつけ合わせて、それらを相互にデペイゼさせ、そこではじめてゲシュタルトされるいわば非ユークリッド的なイメージによって、複雑な構造をもつ現実に、主体的にきりこんでゆくという、より積極的な方法として把握すべきであろう。オブジェやデペイズマンなどの方法を媒介として、モンタージュの論理をくみ立てなおすことは、このようにきわめて今日的な課題なのである。

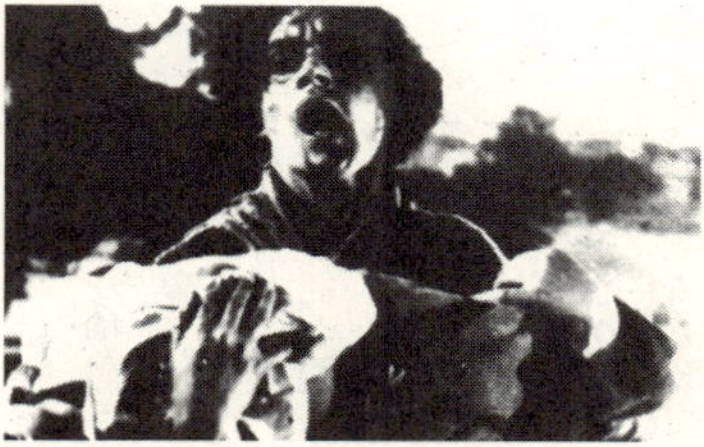

❖戦艦ポチョムキン

　コンストラクションによって全体的に統一され完結されるイ

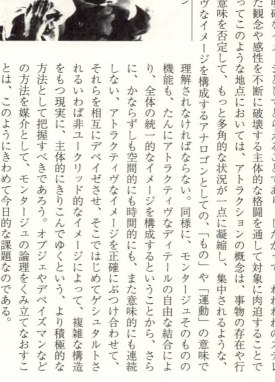

メージについては、従来の映画がもっともその貧困性を暴露しているものであり、これにはさらに深刻な検討が必要とされる。不思議なことに、劇映画の場合も、記録映画の場合も、部分の形象ではかなりすぐれたイメージを作りだしていると思われる作品でさえ、その全体的なコンストラクションとなると、依然、映画に固有な解決とは無縁の、常識的な物語性や解説的な観念に、そのすべてを負ってしまっている場合がきわめて多い。その場合、映画の観照過程で、全体的に集積され、ラスト・シーンとともに完結する作品のトータルなイメージは、シナリオを読んで構成されるトータルなイメージとほぼ同一だという点に注意する必要がある。そのことは、作品の全体に統一的に秩序を与えているイメージの構造が、やはり映画に固有のものではないということを示すものでしかない。わたしの考えでは、したがって、それ自体として完結した芸術的イメージをもつシナリオは、映画とは別個な一種の活字芸術だということになり、もっとも映画的な映画は、そのような明確なイメージをそれ自体として完結する、一つの自立した芸術作品としてのシナリオをもちえないということになる。映画に固有なトータル・イメージを作りあげるには、これを基本的に決定するコンストラクションが、なによりも映画に固有な方法で解決されなければならない。グリフィスは『イントレランス』で、まったく時代的にも、場所的にもちがった四つのエピソードを、交互に錯綜させ、それぞれのエピソード自身の葛藤と、各エピソード間の葛藤とを、複雑にからみ合わせ、お互いの効果を強め合いながら、一つのテーマを立体的なイメージとして構築していく実験を試みた。これはある意味で、アトラクションのモンタージュを、各シーン間に拡大したようなものとしてみることもできるが、要するに説明的な因果律を否定し、常識的な物語性を否定したコンストラクションによって、はじめて、テーマはもっとも重層的立体的に掘りさげられ、現実は外部世界と内部世界との緊張した対応において、主体的にとらえられるのである。

現実の構造的・主体的把握を可能にする積極的イメージとしての映画は、このようなフレイミング、モンタージュ、コンストラクションの統一を基本とし、さらに、画像と音の立体的なモンタージュ、人声（セリフないしコメント）のオブジェ的使用法、高速度、微速度、コマ落し、逆廻転、ダブルないしマルティ・エクスポージャー、各種合成処理等の技術を駆使したデフォルマシオン、その他いっさいの革新的な技術を動員し、また新たに生みだして、これらの総合的な運用のうちに、ほとんど無限の可能性を、依然将来の課題として残しているのである。

ネオ・ドキュメンタリズムとは何か

質　最近ドキュメンタリーということが大きくクローズ・アップされてきていますが、人によって使い方がまちまちのようです。いったいそれはフィクションの対立概念でしょうか。それともジャンルの名称でしょうか。

答　そのどちらでもありません。すこし前に今村太平と岩崎昶《あきら》が、「事実」と「虚構」を対立させてそのへんの論争をしたことがありますが、ドキュメンタリーの問題をそういう次元で問題にしても、それは今日の映画課題にとってはほとんど意味をもたないと思います。ドキュメンタリーの問題はノン・フィクションとしてとらえるべきでもなければ、特定のジャンルとしてとらえるべきでもなく、何よりも現実に迫る「方法の問題」としてとらえなければなりません。ですから、それは記録映画にも劇映画にも共通した問題ですし、ある意味ではそういうジャンル的な垣根をいっきょにとり払ってしまうような問題でもあるのです。方法の問題とは、あくまでも対象と主体と表現の関係をどうとらえるかということにかかわる問題です。

たとえばこれまでの映画は、素材そのものから受ける感動と、映画そのもののつくりだした感動とを、ごくいい加減に混同している場合が非常に多い。要するに自分を感動させた対象をそっくりフィルムに模写し再現すれば、それがそのまま映画的な現実として自立すると考えることは、たいへんな錯覚です。そういう素材主義の誤りとその克服の課題を、私は先にアラン・レネの『ゲルニカ』を手がかりとして論じました。レネは、今ちょうど日本で『ひろしま・わが恋』という映画を撮影していますが、その撮影台本を読んでひどくショックを受けました。作品のテーマ自体がその問題とも関連していて、そもそもヒロシマを「見る」ということはどういうことなのか、そしてそれはいかにして可能なのかということが、まさに主体的な問題として追求されているのです。私の『ゲルニカ』論もまんざら的はずれのものではなかったことが、おそらくこの作品で実証されることでしょう。ところで大島辰雄さんがレネと会ったときのことを話してくれたのですが、レネが『ゲルニカ』の試写をピカソに見せたとき、ピカソの友人たちが、絵が短くバラバラにされて充分ゆっくり鑑賞できないという意味の批判をしたところ、ピカソがそれを制して、私の絵が見たければ美術館にゆくなり画集を見ればいいじゃないか、むしろこれはこれでいいし、これでなくちゃいけないのだといったということですが、この話はその意味でたいへん面白い。その例でいうと、これまでの映画のリアリズムというやつは、ピカソの『ゲルニカ』に感動したとすると、ピカソの『ゲルニカ』の迫力によりかかって、それを「見せよう」とすることに終始するわけです。つまり何を素材として選んだかというところで、すべては決定してしまうといってもいい過ぎではありません。もっと始末におえないことには、それが労働者の闘いを描いているからいいとか、進歩的な立場に立っているからいいとか、まるで芸術外の物差で芸術を測ろうとする、きわめて安直な態度がびまんしていることです。すべてはできあいの観念とできあいの感性に依存して、作家の主体的な格闘なんか完全に疎外されてしまっている。それにたいして私などが問題にするドキュメンタリーというのは、何よりもそういういっさいのできあいの物差を捨て去って、いわば裸の眼で現実を凝視すること、その凝視そのものの軌跡として記録の問題を追求すること、いいかえれば対象をあくまでも主体的に記録することを意図しています。ですから、素材主義の限界を抜けきれずにいる従来のドキュメンタリーと区別して、それをネオ・ドキュメンタリーと呼んだら、どうだろうと思うのです。結局いちばん大切なことは、現実は「見よう」としたことの記録としてしか記録されないのだ、ということを認識することではないでしょうか。

質 あなたが過去の左翼映画人、とくに民主主義映画運動といわれてきたものに批判的なのは、そのことと関係があるわけですか。

答 もちろんおおいにあります。東宝争議以後共産党によって指導されてきた映画運動は、一応五五年の六全協までにすでに自己崩壊しているわけですが、その運動を批判的にのりこえることが、今とくに重要な意味をもっていると思うのです。その運動は五〇年のコミンフォルム批判を契機とした日共の分裂と抗争、そして五全協、新綱領という経文を掲げたウルトラ火炎瓶主義とその裏返しに据えられた俗流大衆路線、これら六全協にいたる日本革命史上もっとも大きな誤りを重ねた政治運動のうえに、その文化闘争の一翼としてあったわけで、作家はその主観的な情熱のいかんにかかわらず、およそ没主体的にそれら歪める政治運動の走狗となっていた。作家は、第一に現実変革の政治的プログラムの誤りを見ぬけず、それに盲目的に追従したことによって、第二に芸術をその誤った政治に隷属させ、直接的な道具としたことによって、いわば二重の自己疎外に陥っていたというべきでしょう。しかしここでたいせつなのは、彼らの現実にたいする主体と表現の関係が、戦争中の戦争宣伝映画のそれと、その本質的なあり方においてほとんど変わっていないという事実です。ここには敗戦を通過しながら「敗戦」がありません。あのおそるべき破壊と荒廃の戦争体験を、まさに内部の挫折と崩壊の問題として反芻し、その重みに耐えて疎外の回復に生きようとする作家の主体的な格闘がないのです。大部分の映画作家が、戦争権力の前にもろくも屈服し、奴隷の映像と奴隷の言葉で民衆を偽瞞したその犯罪的な頽廃を、作家疎外と自己喪失という深刻な内部的現実的課題として抉りだすことのなかったところに、言葉の厳密な意味における「戦後」はけっしてはじまることはなかったのです。

戦後直後の政治運動が、戦争期における自己の敗北の歴史をかみしめて、その教訓から日本プロレタリアートの階級的主体を確立する方向を見失ったのと同様の思想的誤謬にもとづいて、戦後の民主主義映画運動は、いとも安直に「与えられた」デモクラシーのレールのうえに自己を解体し、運動内部の腐敗を隠蔽することによって、ついに作家主体そのものを根底から変革してゆく通路をみずから封じてきたといえます。テーマ主義・素材主義という形で、リアリズムの追求が、戦争宣伝映画と同じく素朴な自然主義をぬくぬくと温存しつづけてきたのも、まさにこの歴史を縦に貫く作家の没主体的な構造を自己否定してゆく闘いが放棄されていたからにほかなりません。およそ取材の対象とイデオロギーをすりかえただけで、きわめて安直に戦意高揚映画から反戦民主主義映画に変貌し、さらさら戦争体験を主体の問題から創作方法の問題へと追跡してみることをしなかったのは、まったくそこにこそ根本の原因があったのです。

ところが、彼らは今もってその点の反省を始めようとしないばかりか、こういう批判に反撃をくわえ、およそ見えすいたへリクツを並べて自己合理化に余念がありません。雑誌『記録映画』を見ると、創刊号から三号にわたって吉見泰が「戦後の記録映画運動」と題して記録映画製作協議会の運動を総括していますが、吉見の論点などもやはり自己偽瞞にみちみちたものといえるでしょう。彼は運動の欠陥を「精鋭主義的な傾向におち入った」とか「とりあげられるテーマや素材が尖鋭な傾向に流れすぎた」などと、もっぱら結果的な現象をあげることに終始し、その本質的な頽廃にはけっして眼をむけようとはしていません。それればかりか「作家にとって、その間にえた体験は貴重なものであり、多くの作家はリアリズムの追求、創作方法の追求の上で、確かな訓練を積むことができた」というにいたっては、僕はその不毛の根深さに、ほとんどデスペレートな思いをどうすることもできないのです。

現実意識と芸術意識、主体と方法の間には、切っても切り離せない関係があります。ネオ・ドキュメンタリズムがその創作的課題をそこまで掘りさげてとらえかえそうとするのはそのためです。たとえばオールド・リアリストたちは馬鹿の一つ覚えのように、「世界観」とか「階級の眼」とかがリアリズムの質を直接的に決定するかのようにいいます。しかし芸術のリアリティを保証するものは、表現の模索過程で対象を主体化することのみであって、ごく一般的な「世界観」や「階級の眼」などというものではありません。また彼らは作品の「内容」こそ作品のリアリティを決定し、「形式」はそれに従属しつつ、あたかもそれによって「自然に」決定されるようないい方をします。しかし、「作品の」内容とかリアリティとかは、作品の形式をのぞいてはどこにも存在するものではありません。外から借りてきたナマの観念に、どう映画的な形式を与えるかというような内容と形式の二元論からは、およそリアリズムなど生まれるはずがないのです。「形象」の模索をのぞいて、どうして「芸術としての思想」の問題が問題になるのか、私にはまったく理解することができません。だいたい作家が現実とのかかわりを「対象化」するということは、ほかでもなく何らかの「形象」を「まさぐり」だすということだし、対象化＝まさぐりの過程ではじめて具体的になるような思想こそ、「芸術としての思想」と呼びうる唯一のものだと思うからです。それをべつな角度からいえば、対象化＝まさぐりの過程でぬきさしならない作家的な内面の格闘を疎外しているならば、そこには当然作家主体の確立も変革もありえないということです。私はドキュメンタリーの問題を方法の問題だといいましたが、そこでいう方法なるものが、何よりもこの対象化＝まさぐりのあり方を中心に追求さるべきものであることは、以上のことからも明らかであろうと思います。

質　ところでネオ・ドキュメンタリズムの方法ということがいわれるとき、しきりに「もの」ということが強調されるようです。しかし「もの」といっても、そこには観念論的な「もの」、唯物論的な「もの」、またシュールレアリスムの「もの」、実存主義の「もの」など、いろいろと意味のちがう「もの」がありますが、ネオ・ドキュメンタリーにおける「もの」というのは、いったいどういう「もの」なのでしょうか。

答　だいたい人間の歴史は一面で「もの」をどうとらえ、それにどう人間的な意味を与えてきたかの歴史だったともいえます。つまり人間のつくりだしてきたいっさいの「もの」のなかに、人間の歴史が対象化されていると考えられるわけです。だから歴史とは、人間と「もの」との古い関係が、人間と「もの」との新しい関係の発見と創造によって、不断に自己否定されてきた歴史だったともいえるでしょう。そこにはたんに自然的な「もの」が人間の物質的な生活に役立つ社会的な「もの」に変革されてきた歴史があったと同時に、一方では自然的な「もの」や社会的な「もの」が人間の精神的豊かさを対象化した「もの」となり、そのような「もの」が人間をより豊かに人間化する、そういう機能をもった芸術的な「もの」に変革されてきた歴史があります。ですから芸術が問題にする「もの」というのは、まずそういう「もの」だということです。そしてネオ・ドキュメンタリズムが問題にする「もの」ということも、もっとも原理的なところでは、今まで人間の精神的な対象物になっていなかった「もの」に新しい人間的な意味を見出してゆく歴史として、つまりそれまでのステレオタイプとなった意味を破壊して新しい意味を獲得してゆく、人間と「もの」の関係の変革の問題として理解すべきだと思います。

ところで弁証法的唯物論が明らかにしているように、「もの」とはいっさいの存在のグルントであり、その本質は「運動」です。運動というのは「空間」と「時間」の統一ですが、映画に固有の「もの」の新しい意味と内容を明らかにするためには、この映画に固有の「空間」と「時間」の新しい意味と内容を明らかにすることが必要だと思うのです。私が、フレイミングとか、モンタージュとか、コンストラクションとかいうことを、対象の直接的な所与性を否定するとか、ユークリッド的な物語性を破壊するといったアングルで問題にするのも、結局は映画による新しい「もの」の発見、新しい「空間」と「時間」の創造を目指したものにほかならないのです。その場合、フレイミングは映画的空間の基本単位であり、コンストラクションが映画的時間の基本構造であって、モンタージュはその空間と時間を、時間を主要な契機として統一する基本的な原理だといえますが、モンタージュは狭義の意味でショット間をつなぐ論理として、部分における空間の時間化、ないし時間の空間化という時空の相互転化を規制する方法であると同時に、より広義の意味で、フレイミングやコンストラクションを内側から構造的に支える統一原理として理解すべきだと思います。ですからその意味でのモンタージュこそ、映画に固有の「空間」と「時間」をつくりあげるもっとも根源的なファクターであり、映画で問題にさるべき「もの」の概念は、このモンタージュということを抜きにしてはありえません。したがって映画によるより今日的な「もの」の創造は、結局のところモンタージュの変革のなかに求められるべきでしょう。その点について、私はエイゼンシュテインのアトラクションのモンタージュ概念を、シュールレアリスムのオブジェとデペイズマンの方法を否定的な媒介として、もう一歩新たな次元に押し進めたものとしてとらえかえそうと思っています。べつないい方をすると、外部の「もの」と内部の「もの」の統一を計ろうとしているということでもあります。

外部の「もの」とか内部の「もの」とかいう場合の「もの」とは、まだ意識されたことのない外的もしくは内的現実に、意識がはじめて出会ったとき、意識の対象にされた裸形の現実、つまり「はじめて意識された現実」を意味します。それはまだ名前をもたない未体験の現実であり、そのため既成の観念や感性のステレオタイプをつき崩さずにはおきません。意識と現実の対応関係が、つねにそのズレを矯正するという批評性をもって変革されてゆくわけです。しかもその「出会い」は、現実そのものが襲撃的に意識の内部に踏み込んでくる場合、欲望やその他の意識下の動きが意識の裂け目を縫ってその表面に浮かびあがってくる場合などさまざまですが、それは意識の側からみれば「偶然」として現われます。そしてこの「偶然」をすかさず「発見」する精神こそ、ドキュメンタリーの基本的な精神にほかなりません。いいかえれば、それは裸のままの現実に立ちむかう精神、そのためにはいっさいのできあいの物差を捨てる精神です。ただそれは「偶然」の「もの」と、それに対応してひきずりだされてくる「意識下」の動きを、徹頭徹尾「意識」の対象に客体化しようとする点でシュールレアリスムのそれとちがい、それをあくまでも「歴史的」にとらえようとする眼を放棄しない点で実存主義のそれともちがいます。要するにネオ・ドキュメンタリズムとは、その意味ではシュールレアリスムを止揚したリアリズム、実存主義を止揚したマルキシズムだといって、あながちまちがいではないでしょう。

いま一つ見落せない問題は、「もの」は意識との関係においてプレ・ロジカルなものとして現われるということです。それはいわば一つの想像的「体験」であり、その体験を意識する意識は、直接的には言語以前のところにあって、それを言語の網に包みこもうとしながら、なお言葉にならないところで、しかも明らかにその体験を何らかの鮮明なイメージとして意識しているという関係にあるからです。したがって芸術上「もの」を重視することは、必然的に芸術から説明的な要素を排除する方向にむかいます。また事実、「もの」から受けるイメージは、そうかんたんに言葉に翻訳できるようなものではありません。たとえばブニュエルの『黄金時代』のなかのいくつかのショット、とくに絶海の孤島のさくれだった岩山で、数名の大司教たちが、じりじりと焦げつくような炎天下に、法衣をギラギラさせながら厳かに合唱をしているようなショット、同じ構図で大司教たちが白骨と化し、ごつごつした岩石のうえに点々と散在しているショットなどは、さながら白昼夢のように残酷で、しかも強烈な憎悪と批評のこもったイメージを見るものに焼きつけます。それは非常にショッキングなものですが、それを言葉に現わそうとすればなかなかむずかしい。それは、「もの」としての映像が、直接「体験」されるものであるということにほかなりません。もっともこの例などは、対象にカメラをむける以前のイメージですが、映画に固有な「もの」のイメージは、やはり対象にカメラをむけることではじめてつくられるようなものでしょう。そして、それがフレイミング、モンタージュ、コンストラクションによってつくられることは前にも述べたとおりです。ですからその考え方をおし進めてゆけば、映画はファースト・シーンからラスト・シーンにいたるすべての総合で、一つの

「もの」になりきらなくてはならないという考えにまでゆきつくでしょう。ある種の実験映画ではその方向を純粋に徹底させ、映画芸術の一つの限界に挑んできたことも事実です。

そこまで純粋でなくても、現代映画の尖端的な課題が、やはり物語性の否定にむかうことは必然の趨勢となるでしょう。たしかに従来の映画は小説や演劇のお尻を追いかけてきたけれど、その小説や演劇自体がすでに物語性をのりこえなければ今日のアクチュアルな課題にたちむかえなくなっている。アンチ・ロマンやアンチ・テアトルの必然性と対応して、アンチ・シネマの必然性を予見する必要があるのです。そもそも物語性というものは、パヴロフのいう第二信号系に形成された現実適応の一形式、そのかかわりの一ステレオタイプにすぎないのですが、それがあまりにも強固な疎通性を構成しているため、そういうレンズを通してしか世界を見れなくなっているわけです。しかし、たとえば長い間模倣芸術として規定されてきた造型美術が、ダダイズム以後その再現性から解放され、音楽もまたシェーンベルク以後調性から解放されたように、小説や映画も、いまや桎梏となった物語性から解放されるべきところにきているのではないでしょうか。つまり外界との調和の上に成り立っていた現実把握の形

❖黄金時代

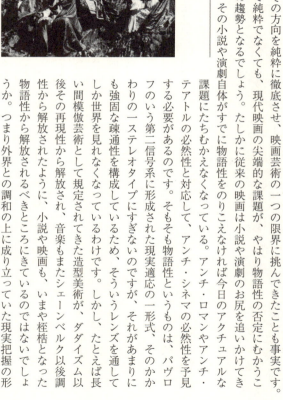

式としての物語性によっては、マルクスが『経済学・哲学手稿』のなかでいっているように、労働が労働者にたいして外的であり、労働者自身の喪失をもたらす一方、労働者が食う、飲む、産む、といったことのなかにわずかの自発性を感ずるような「動物的なものが人間的なものとなり、人間的なものが動物的なものとなる」という、そういう顚倒したすさまじい人間解体の状況はとらえられなくなっている。こういう状況を外部と内部からみきわめてゆく複眼のドラマは、当然ステレオタイプとしての平板な物語性を破壊せずにはおきません。とくに当面、擬ヒューマンなメロ・ドラマをたたきこわす必要が、ますます強くなっているように思われます。

質　ネオ・ドキュメンタリズムの基本理念のようなものはそれとして、そういう映画がはたして何の抵抗もなく大衆に受け入れられるかどうか、そうとうむずかしい問題を抱えているように思います。その点については、あなたはどう考えているのですか。

答　むろんステレオタイプの破壊を狙う映画が、何の抵抗もなく受け入れられるということはありえません。またもうすこし積極的にいえば、そこに摩擦をつくりださないような映画が、どうして批評的でありうるでしょうか。大衆の最大公約数に目盛りを合わせようとするのは商業主義の本質ですが、すくなくとも批評的であろうとする映画運動は、絶対に平均値主義とは相容れません。その意味では過去の映画運動に根強く残っている俗流大衆路線を、理論的にも実践的にも徹底的に克服してゆくことが重要です。マルクスは粗野な実践的欲望にとらえられた感覚は、きわめて限定された感覚しかもちえないということをいっています。つまり人間の感覚がより人間的になり、人間的本質の豊かさにふさわしい人間的感覚が形成されるのは、人間的本質の対象的に展開された豊かさによってのみだということをいっているのですが、抑圧と疎外の状況は、この人間的本質の展開や対象化をきわめて困難なものにしているといえるわけです。具体的には労働者や農民など、もっとも疎外された大衆は教育の機会も限定され、さまざまな芸術作品にふれ、豊かな芸術的感動を受けて、自分の諸感覚をより人間的にとぎすますことの自由も奪われている。もっともはげしく疎外されているだけに、その疎外の回復の意識と実践を通して、もっとも豊かな全体的人間の形成の可能性もあるのだけれども、現実にはその間にいろいろとギャップがある。このギャップこそ疎外の本質であるわけで、このギャップを無視したのでは問題は何一つ解決されないと思います。

一方、芸術家やインテリが全体的人間を回復しているのかというと、むろんそういうわけではありません。私たちは直接的にはきわめて特殊な生活に疎外されていて、状況のもっとも本質的な部分をじかの経験としてはもちにくい位置にある。やはり絶えずその意味で一面的な限界づけをされているわけです。しかしそのことからただちに「したがってプチ・ブル・インテリは……」とその限界性をきめつけることはあまりにも素朴な決定論であってマルクス主義とは関係がない。おのれの疎外性をとことんまで抉りだしつつ、その思想的な意味を追求してゆくならば、私たちもまた状況の全構造に屹立しうるわけで、そこに上部構造の自立した力と、意識が存在に働きかける独自性があると思います。ですから、不断に状況の深部と触れ合っていることが大切で、それを喪失すると、芸術は批評性を失い、そこからモダニズムもまた生まれてくるわけです。いずれにしても、ここにも日常意識と存在の本質にはギャップが生まれます。そしてそれが大衆と芸術の間にあるギャップをしばしばまちがった方向に拡大させることも事実です。

しかし、このギャップを大衆の無条件的偶像化によって大衆の感覚形式に安易に迎合する俗流大衆路線も、このギャップを可変不能の宿命と見て、大衆を無視し、自己の殻に固く閉じこもる芸術至上主義も、ともに否定してゆかなければなりません。このギャップはもちろん政治的・経済的・文化的な多面的な変革作業の全体として徐々に埋められてゆくものにちがいありませんが、芸術は芸術の課題として、この問題の解決を回避するわけにはゆかないのです。それは芸術運動の政治的側面の問題にも関連しますが、創造の本質にかかわる問題でもあるからです。というのも、そもそも芸術行為は、本質的に他人を措定しないところには成り立たないからにほかなりません。ある面から見ると、芸術行為とは、他人とつながりをもとうとする、コミュニケーションの独得な一形式です。つまり人間関係の総体としての社会と、その一つの自己疎外態としての芸術作品に触れ合うことなく、芸術を創造する衝動もその行為も、本質的には生まれません。また創作行為そのものが、一方で享受の行為につながらなければ、やはり本質的に芸術行為を完結しないことも常識です。要するに他人の眼にさらされるということが、芸術には本質的に必要だということです。ですからさきに述べたギャップにおのれを引き裂きながら、そのディス・コミュニケーションを本質的に回復しようとすることは、疎外からの自己回復行為としての芸術に不可欠のエレメントでしょう。ただその場合、芸術家はあくまでも最終的にはおのれの内部を通過しない何ものをもその基準にするわけにはゆかないということを明確に意識すべきです。また他方、芸術を享受する側についても同じことがいえるでしょう。そして両者がそのことの意味を、疎外状況からの人間回復の全行為のなかに正しく位置づけてとらえたとき、言葉の正当な意味における新しい芸術運動が始まるのだと思います。どんな困難な障害があれ、それ以外には私たちの目指す芸術運動はありません。それがネオ・ドキュメンタリズムの運動的意味です。

隠された世界の記録

ドキュメンタリーにおける想像力の問題

最近私はどうやら不安神経症にかかっているらしいのだ。人の顔がどうも無気味に見えてしようがないのである。よく見れば見るほど、それはなにかぶよぶよした肉塊のようにも見え、ふとした拍子にサクサクと音を立てながら砂のように崩れ落ちてしまうのではないかとも思われるのである。親しい友の知りすぎた顔のなかに、突如まったく見知らぬ相貌が現われることもあり、鏡のなかの自分自身の顔でさえ、ひょっとすると反陽子《アンチ・プロトン》の世界に住むもう一人の自分とはこの男のことではないかと思われるほど無気味なマスクに変貌して、像の実体である私自身とはおよそ別個の存在になってしまうことだってけっしてめずらしくないのだ。それがどうも顔だけのことではないのである。手や足なども、とくに指のつけ根あたりをじっとみつめていると、それはきまって爬虫類の水搔きのような異様な物体に変わりだすのだ。壁のしみ、粘土の塊り、木の肌、煙草のけむり、そんなものまでが、しばしばロプロプの幻覚のような奇怪な姿をあらわにし、私をいい知れぬ不安におとしいれるのである。

そういえば、私はもともとすこしばかり脳に異常があったのかも知れないのだ。電車のなか、道を歩いているとき、食事中、あるいは人と差し向いで話をしているそのさなかにさえ、私は一瞬薄明るく青味がかった灰色の光線につつまれて、すこしばかり輪郭のぼけた無気味な白昼夢をみることがよくあった。そんなことを考えると私もいささか心配になり、しかも今度日中合作映画製作のためやや長期間中国にロケをする関係上、その間にでも発狂したらたいへんだと思って、ある日私はひそかに友人の精神病医Hを訪ねたのである。Hは、そのような病状を示す精神病にナルコレプシーというのがあるが、私のはたんに一時的な精神疲労と慢性アヴァンギャルド病の結合したものだと診断し、そんなのは中国にでも行ったらたちまち洗脳されてまともになるさと私をからかいもしたのである。私がそんなことで納得しなかったことはいうまでもない。私は万止むを得ず、独力でこの奇妙なる体験の秘密と取り組まなければならなくなったのである。

無気味なものの研究を学問の対象として最初に手がけたのは、『無気味の心理学』の著者E・イェンチュだったようである。彼はドイツ語の unheimlich《ウンハイムリッヒ》（無気味な）が、heimlich《ハイムリッヒ》（親しみのある、馴染の）の反対語として意味をもつようになってきた過程を、言語発生学的な分析と事実の資料蒐集から明らかにし、無気味とはよく知られていない馴染のないものに接触したときに生まれる感情であり、したがって対象にたいする知的不確実さを克服すれば、そのような感情はしだいに消滅するものと考えたのである。

イェンチュのこのような考えはなかなか唯物論的で、一面の真理をもっていることには疑問の余地がない。事実、原始人や未開人の自然の事物や現象にたいするアニミスティックな認識と彼らの感情構造の対応が、もっともよくそのことを表現しているように、いつの場合でも対象にたいする科学的な認識の欠如は、事象に超自然的な力を感じさせることによってこれを神秘化し、無気味――おそれの感情を基礎にして幾多の迷信や宗教を作りあげてきたのである。

しかし、私には無気味さということがただそれだけのものとはどうしても思えないのである。私などは徹底した唯物論者のつもりでいるけれど、たとえば薄暗い死体置場かなんかに一人きりで一夜を過さなければならないことでもあれば、やはり無気味な感情が湧き起ってくることを否定できないだろうと思うのだ。あるいはまた、日常的な人間関係の裏の裏に、突然思いもかけなかった奇怪な秘密やどす黒い欲望の葛藤などを発見した場合なども、一種の無気味な感情に襲われることはあるものである。つまりイェンチュの説に反して、それがなんであるかを科学的に充分知ってはいても、あるいはむしろそれを知ったために、場合によっては知れば知るほど、その事象にたいして無気味さを感ずるという体験的な事実が、一方でレッキとして存在するのである。

このようなイェンチュの知的不確実論の一面性を批判して、無気味さの本質を精神分析の対象として独自の追求を行なったのはほかならぬフロイトであった。フロイトは『無気味なもの』という論文のなかで、やはり言語の発生史的な分析を行ない、ヴィルヘルム・グリムの辞典から、unheimlich《ウンハイムリッヒ》（無気味な）の反対語であるheimlich《ハイムリッヒ》という語が、「馴染の」という意味から「故郷の、家の中での」の意味を派生し、それがさらに「人の眼から隠されている」という概念を生んだ過程のあることを指摘するとともに、一方ダニエル・ザンデルスの辞典から、そこに引用されている「隠されている筈のもの、秘められている筈のものが表に現われてきたときは何でもunheimlich《ウンハイムリッヒ》（無気味な）とよばれる」というシェリングの文章を、これこそ問題を解く鍵であるとして大きくクローズ・アップしているのである。フロイトはさらにいくつかの具体的な事例を分析したり解釈したりすることによって、結局「無気味なもの」とは、本来心的生活にとって、かつてはheimlich《ハイムリッヒ》であった（親しく馴染のあった）何ものかであり、ただそれが現実生活のなかで抑圧され、意識下に隠されていたのであって、それが何かの拍子に意識の表面に現われてきたとき、私たちはそれをunheimlich《ウンハイムリッヒ》（無気味な）として感受するわけで、したがって「無気味な」という言葉の前綴un《ウン》は抑圧の刻印にほかならないのだと結論を下すのである。

もっともフロイトにあっては、たとえばホフマンの『小夜物語』にでてくる子どもの眼玉をくり抜く砂男の無気味さは、ほかならぬ小児の去勢コンプレックスの不安に帰着させることができるといったぐあいに、すべてを強引に性本能の抑圧に還元して解釈しようとするパンセクシュアリズムが色濃く支配していることはいうまでもない。いささか滑稽な例をあげれば、彼はある種の神経症患者が女性性器を気味悪がるということから、それは女性性器というものが、「誰しもが一度は、そして最初はそこにいたことのある場所への、人の子の故郷への入口」だからにちがいないなどと、それこそ真面目になって考えたりしているのだから愉快である。

このようにほとんど偏執狂じみたフロイトの汎性論的なドグマについては、いまさらあらためて私がここで批判をくわえておく必要はまったくないであろう。ただ私が重視したいのは、フロイトが無気味なものの本質を、隠されたものが表に現われるときの、心、ないしは、ものの非合理な動きとしてとらえようとするその視点なのである。そのことは、私が前衛的なドキュメンタリー芸術について考えをめぐらすとき、どうしても基本に据えておかねばならない、いわば前提的な地点ではないかと思われるのだ。

私はかつて『映画批評』誌上（五八年十一月号）に「方法とイメージ」という論文を発表し、そこで、「例えば、サルトルの小説の主人公ロカンタンは、公園のマロニエの木の根っこを見ているうちに、突然はげしい眩暈に襲われ嘔吐を催した。それは何かの瞬間、その木の根が知覚の対象であることをやめて、あるアプシュルドなイメージを構成する外在的アナロゴンに変貌したことを意味している。この瞬間、マロニエの木の根は、木の根としての「意味」を失い、いわばむき出しの「もの」として現われたのであり、その「もの」の独自な構造と運動が、対応的に心の奥にかくれていたある状況を、明確なイメージとして意識化させ、これをこの〈もの〉に客体化させたのである。ロカンタンが、この黒い節くれだった、生地のままの物塊のイメージに嘔気を感じたのは、そこに根源的な不条理としての実存を発見したからにほかならない」と書いた。

これにたいして、同誌次号で柾木《まさき》恭介は「松本俊夫はドキュメンタリストであるよりも実存主義者にちかい、ドキュメンタリストは嘔気をとおして実存の発見という道を進むより、嘔気のメカニズムを追求する」と批判して、もっぱら嘔気なら嘔気という情緒の唯物論的な把握こそが必要だと強調したのだったが、どうやら、私はその後も、やはり嘔気のいささかタダモノ論的な生理学的解釈をこねくりまわすより、あくまでも具体的に実存を発見すること、その方法をさぐりあてることの方に興味があるらしいのだ。そしてドキュメンタリストとはなによりも実存主義を止揚したマルキスト、シュールレアリスムを止揚したリアリストでなければならないとも考えるのだが、今はそんなことはまあどうでもよい。むしろここで問題なのは、ロカンタンの嘔気はまさにあの「無気味なもの」の発見によってよび起されているということであり、その無気味なものが姿を現わしたのは、事物にたいする意識の日常的な構造が破壊されたときであったということなのだ。

はなしをわかりよくするために、私たちはここでもっとも普遍的な体験を意味するものとして、夢のことに触れておくのが適切であろうと思われる。どのような人の場合でも、夢の世界ではすべてが奇想天外で、非日常的だからである。ふと気がつくと、思ってもみなかった女と平然と寝ていたり、そうかと思うとそれがいつのまにかまったく見知らぬひとに変わってしまったり、変てこな恰好をして宮中をふわふわ飛んでいたかと思うと、いきなり理由もなく誰かに追いかけられて、あげくの果てにはグサリと一突きに刺されたり、夢はこのように一見まったく支離滅裂に現象する。そういえば懸田《かけた》克躬《かつみ》はその著書『眠りと夢』のなかで、夢の心理の特異性はその非倫理性と非論理性にあると指摘しているが、それは夢をみているときの心の状態が、いわゆる覚醒時世界の倫理的・論理的な因習や束縛から完全に解放されているからにほかならないのだ。そしてそのような性格に夢の本質があればこそ、夢にはしばしば現実世界から抑圧され、意識の表面から隠されていたなにものかが、ふとした拍子にぽっかりとその赤裸々な姿を現わして、私たちをいい知れぬ無気味さのなかにひきずりこむのである。

さしずめ、私たちにとっては、このような場合の夢以外はあまり意味をもっていない。すくなくとも私は、フロイトやそのエピゴーネンたちがあらゆる夢をエス（原始的自我）から頭をもたげたぬきさしならない願望充足の表現であるとして、かなりこじつけがましくその意味を解釈してみせるあの独断的な思考方法に反対する。そのことはさておいても、すくなくとも解釈を説明されてフムなるほどと感心しなければならないような隠し絵的なイメージは、直接の表象喚起性を要求する芸術表現上のイメージをまさぐるうえでは、ほとんど意味をもたないことだけは明らかである。隠された世界への通路として私が夢の世界にこだわるのも、ここには隠された世界を凝縮して対象化せずにはおかぬおそるべきイメージが、ときとして突如オートマティックにたち現われることがあるからにほかならない。

とすれば、そのようなイメージとはどのような構造をもっているのか、そしてそれは隠された世界の構造とどのように対応するのかということが、当然つぎの問題として私たちの前に提起されてくるのだ。

イメージということを考えるとき、私はふと黒田喜夫《きお》の「末裔の人々」という詩を思い浮べる。その詩の倒錯した異様な世界が、私の脳裏にこびりついたまま いつまでも離れないからである。アパート住いの失業者らしい夫婦が管理人から立ち退きの最後通告をつきつけられる。男はたまらなくなって家を逃げだす。夕方男が帰ってきてみると、廊下に管理人が蒼ざめた顔をして立っていて奥さんが変だと告げる。いつまでも閉めきったまま返事がなく、妙な物音が聞こえるだけだというのである。男は不吉な予感を感じて思わず扉にからだをぶつけてゆく。「破れた扉から／現われたのは髪ふり乱した狐だ／せききった唸声だ／いや、破れた扉に／笑みこぼれ／立上ってきた婦は男を抱くと／もう浮浪の月日はいや／旅はおわり／ここがわたしの土地／わたしたちの土地よ／はればれと狂った婦の笑顔が現われてきた／見ると四畳半をあげ／根太を切り／露わな土を掘ってひとつかみの米が蒔いてある／何処にも行かなくていい土地わたしたちの土地よ」、女は発狂していたのである。

この詩の印象は、ちょうど悪夢を見ているかのように無気味である。それはそこに展開する光景がもっぱら異常だからということだけにあるのではない。むしろその異常なシチユエーションと幻想を通して、私たちの生活の日常性から隠された危機と疎外の実相が、ささくれだった生傷のように露出され、意識の常同的な平衡性がつき破られるからである。このことはサルトルが『想像力の問題』のなかで、イメージが喚起されるためには、「その対象の実在性を否定する契機が絶対に必要である」と力説したことと重ね合わせて考えるとき、一つのきわめて重要な問題を示唆することになる。

それは、対象の実在性とはすなわち heimlich《ハイムリッヒ》（馴染のある）なものにほかならず、そこでは疎外された現実の実相は、日常的な意識のステレオタイプによって抑圧され heimlich《ハイムリッヒ》（隠された）なものとなっているということであり、むしろそれだからこそ日常意識が勝手にそうあると思いこんでいるともいえる対象の実在性あるいは因果律を、私たちの意識がまだとらえきっていない非日常的な隠された現実、いいかえれば私たちの日常意識には非在としてうつる世界によって強力にくつがえすとき、私たちの意識は、はじめてそのような未体験の現実にふれることによって外界との間のバランスをこわされ、それを異常、あるいはunheimlich《ウンハイムリッヒ》（無気味な）なものとしてうけとめるのだということである。

　ある朝突然一匹の虫ケラになってしまったグレゴオル・ザムザの奇怪な物語、カフカの『変身』においてもまた同じことがいえる。虫になったばかりに親きょうだいからも嫌がられ、コツコツ築きあげてきた勤め先での信用も一ぺんに冷たく反古にされ、あげくの果には父親から投げつけられたリンゴが背中の肉にくいこんで、そのままそれが腐って死ななければならなくなるなどという、とてつもない非合理な運命を負わされたグレゴオルの姿は、まさに私たち賃金労働者一般がおかれている、むごたらしいまでに非情をきわめた疎外と断絶の真の姿を、百の生活綴方よりもはるかにいきいきと表現していて余すところがないのである。そしてこの場合もまた、かくされた現実の実相を具体的なイメージとしてとらえるために、実在的な日常の諸現象がやはり非在の世界にまでメタモルフォーズされていることを私は指摘したいのだ。

　ところでこのメタモルフォーズとは、かんたんにいってAを非Aとしてとらえること、つまり置き換えのことである。『変身』にあっては、グレゴオルは虫に置き換えられているのである。これは一種の比喩といえる。しかし、ここでは私たちは、その二つのものの関係が「グレゴオルは虫のようだ」といった直喩の関係にあるのではなく、「グレゴオルは虫だ」という隠喩の関係にあることを見落してはなるまい。レヴィ＝ブリュルはその著書『未開社会の思惟』のなかで、ボロロ族は「金剛インコは私だ」と思いこんで何ら矛盾を感じていないということを書いているが、むろんこれは隠喩の意識とは別個のものである。私たちはよく幼児が人形や動物と話をしているのを見受けることがあるが、ボロロ族の場合はこれと同じく、あるものを他のものと区別できない意識の未分化の状態において、二つのものを同一視しているにすぎないのである。それにひきかえ比喩が成立するためには、あるものを他のものとはっきり区別し比較する批判的な意識がはたらくことを前提としなければならない。

しかしAはBのようだという直喩によっては、二つのものの結合によって意識のステレオタイプをつきくずすことはやはり困難である。エイゼンシュテインが『戦艦ポチョムキン』で人民の蜂起を立ち上るライオンによって表現し、『十月』でケレンスキーの野心を翼をひろげる黄金の鳥で表現したやり方は、いわばこの直喩による置き換えであって、人民の蜂起や権力への欲望という複雑な構造をもった対象の本質は、安易な連想による説明的な比喩の網の目から、ずり落ちるようにしてその実相を隠してしまっているのだ。それとくらべると一方、隠喩の意識は、二つのものの類推による結合を排し、むしろ両者を対立と矛盾において結合しようとするところから始まるといえる。したがってそれは対象にたいする意識の平衡性や固定化を内側からつき崩し、より直接的・衝撃的なイメージを生みだすのである。エイゼンシュテインではオーバートーンのモンタージュやとくにアトラクションのモンタージュのなかに、このようなメタモルフォーズへの可能性が用意されていたと私は思うのであるが、それが方法として自覚的に用いられるようになったのは、やはりシュールレアリスムのオブジェ（日常的な意味と効用性を剥奪した物体）およびデペイズマン（異質なものの結合と転位）の方法が確立されるようになってからだったのである。

シュールレアリスムはなによりも精神の自由と想像力の解放を求めた。荒廃と解体をきわめた、第一次大戦後のヨーロッパ資本主義社会にたいする全面的な不信が、彼らをそのまま実在性への不信へ導いたであろうことは容易に推測できる。ブルトンは『シュールレアリスム第一宣言』のなかで、「想像力だけが存在する可能性のあるものを私に明らかにしてくれる」といった。

しかし、この「存在する可能性のある」ものをどのように考えるかで、そのさきのプログラムが決定的にちがってくるということにたいする反省的な視点が、ブルトンらシュールレアリストには決定的に欠けていた。彼らは正当にもいっさいの固定した観念や感性から想像力を解放してその内発的な契機を重視したが、同時にその内発性そのものを「一この真の絶縁体」にまで絶対化してしまったのである。精神の能動性から意識すら捨象してしまうとき、それは受動的で恣意的な他力本願的な美学に逆に束縛され限界づけられるということを彼らは完全に等閑視した。「作者は観客として、無関心、あるいは情熱的に、自分の作品の誕生に立会い、その発展の諸相を見守るのである」とは『絵画と霊感』のなかで語ったマックス・エルンストの言葉だが、シュールレアリスムがこのようなすべての批判を拒む絶対的方法としてのオートマチズムをその体系の中心に据えたことは、シュールレアリスムが「存在する可能性のある」世界、いいかえれば例の「隠された」世界を、意識下の領域、しかもその自然的本能の部分にしかみようとしなかったことと無関係ではない。

事実想像力の発動が、その直接性において、没意識的な偶然にゆだねられていることは疑問の余地がない。それは長谷川龍生のことばをかりれば「もののはずみ」で湧きあがってくるものかのように突然ひらめくのである。とすれば、さしあたりこの偶然的性格をもった発想のメカニズムを生理学的に明らかにすることは、私たちの当面の課題からみればたいして意味のあることではない。私たちがしっかり見きわめなければならないのは、むしろこの想像的世界が、客観的な歴史的社会的現実と没交渉的な自由をもつかどうかということである。そのことは、問題を巨視的（歴史科学的）に見るか微視的（自然科学的）に見るかすれば、それが構造的にはしっかりと客観的な現実世界に背後から支えられており、想像的世界もまた一個の社会的自然であることがこれまた疑問の余地なく確認されるのである。しかし想像的世界を社会的自然として規定することは、そこに二つの性格が附与えられていることを意味している。想像力の故郷ともいうべき無意識の世界は、まずなによりも生の直接性に直結した自然的本能の世界である。しかし人間はそのような生の本能を、外部現実を変革することでいっそう人間的社会的なものにしてきた。要するに根源的には生の本能に根ざしながらも相対的には独立したさまざまな社会的な欲望が生産されてきた。そしてそのような社会的な欲望はほかでもなく意識の世界を媒介にして無意識の世界に沈澱し、ついには準本能的性格をもつにいたった人間の原社会的本質にほかならないのである。したがって無意識の領域から生みだされてくる想像的な世界は、一方でより自然的本能的な、その意味では絶対的といえる内発性をもつと同時に、他方ではその内発性のヴェクトルを、意識の側から屈折的に規定するという側面をもたざるをえないのである。

たとえば資本主義的に疎外された労働者は、まず第一に経済的な側面から食欲、睡眠欲などの自己保存本能、および性欲、母性愛などの種族保存本能の充全な展開を妨げられる。住宅条件が悪くて満足な夫婦生活ができないとか、労働強化や夜業がつづいて充分睡眠がとれないとか、育児費の捻出に自信がもてなくて堕胎するとかは、すべてこれら自然的本能を抑圧し意識下に歪みをつくる。同時に疎外された倫理意識や社会通念などの面からは主として性本能にたいする抑圧が加重される。第二には、経済的、政治的、社会的な諸制約によって、種々の娯楽、趣味、スポーツ、文化等にたいする欲求、職業選択の自由の欲求、職場における労働条件その他の不満にたいする意志の表明および要求獲得のための行動の欲求、これらあらゆる形態の社会的な欲求がさまざまな仕方で抑圧され、同時に私有財産制に根ざした利己意識や立身出世意識などが人間関係を醜く断絶して、ともに意識下に歪みをつくってゆく。この場合、これらの事柄が意識下に歪みをつくる度合やその質についでは、労働者がそれをどう意識しているかによってちがってくる。労働者がひどく疎外されているにもかかわらずそれを充分意識していない場合でも、ほとんど準本能化されている社会的欲求の部分では直接無媒介的にその抑圧の歪みを受ける。しかし一般的には、それらの事柄を不合理な矛盾として意識する度合が強ければ強いほど、またそのような意識が累積されればされるほど、それらが意識下に沈澱して形成する歪みの層は底の深いものとなる。

いずれにしてもこれらほとんど無数の抑圧は、相互に増殖を触発し合い、幾重にも重なり合って、意識下にドロドロした底なし沼のようなポテンシャル・エネルギーを形成するのである。そしてそれらはその総体においての、かの「隠された世界」となっているのだ。

極度の疎外が私たちの意識を解体するとき、意識はそれを日常性として把握する。したがって日常的な意識はこのようなドロドロした暗黒の世界を自己疎外し、意識の表面から隠蔽してしまうのである。しかしこの「隠された」世界のエネルギーは、それを「隠す」抑圧の全構造と鋭く敵対するものだということを見落すならば、これまでの私の考察はほとんど無意味になってしまうだろうということを、私はここでとくに強調しておきたい。もし疎外された民衆の日常的な意識構造を徹底的に破壊して、この隠された膨大なポテンシャル・エネルギーをその抑圧の鎖から解き放つならばどのような状況がたちあらわれてくるか。ただし、それをどうとらえ、どう組織するかという問題は、それこそ前衛党の政治的プログラムの問題である。

しかし「隠された世界」ということを、たんに心の内側の問題にかぎられたものとして理解するとすればそれは一面的であり、むしろ顚倒している。なぜなら内部の隠された歪みとは、最終的にはすべて外部の隠された歪みによって規定され、それを転位変形したものにほかならないからである。唯物論的に正確にいえば、内部とは外部の延長であって、その間を絶対的に区別するものは何一つない。事実、疎外された状況とはまずなによりも外部世界のものである。表面上は安定と平和として現象しながら、刻々と亀裂を深めていく政治的危機。企業意識、改良主義等、数々の偽瞞と幻想。徹底して収奪されながら収奪するものに頼り、これを支持する牢固とした保守的庶民意識。労働戦線の奇妙な分裂。これら総体としての外部現実の実相は、その構造の本質に迫れば迫るほどまさに無気味なものとしてたち現われてくるのだ。そしてそれが「隠された世界」として内面化しているのは、第一にその構造自体の複雑な重層性によるものであり、第二にそれを把握できない意識の日常性によるものである。

従来のリアリズムは、この現実の部厚い壁の前で立往生し、自己崩壊した。亀井文夫の

『人間みな兄弟』などに見られる無残な挫折は、私にいわせれば当然すぎるほど当然のことだったのであり、その敗北はとうの以前に決定されていたようなものだったのである。ただその破綻がありありと露呈したのは、部落の差別問題には要するに「ケロイド」がなかったというだけのことにほかならない。しかし新しいリアリズムは、たとえばカイヤットの『眼には眼を』のように、なによりもみずからの内部に隠されたケロイドや隠された差別意識を摘出することから始まるのだ。いいかえれば隠された外部現実をつかみとるためには隠された内部現実をつかみとらなければならないのである。その意味でシュールレアリスムは従来のリアリズムにたいする強力なアンチテーゼであった。しかし先にも明らかにしたとおり、彼らは内部現実を外部現実から切りはなすことによって内部現実そのものも一面的にしかとらえきれなかったのであり、その意味では従来のリアリズムを同一次元で逆転させた位置にとどまらざるをえなかったといえる。したがってここでは内部現実をつかみとるためには、外部現実をつかみとらなければならないという逆の過程によって、その限界を克服しなければならなかったのである。

とすればこのどうどうめぐりは明らかに矛盾している。Aの把握にBの把握が前提となり、Bの把握にAの把握が前提となるということはアポリアである。私たちはここで問題の設定をご破算にしなければならないのであろうか。だがその必要はあるまい。この矛盾は世界をスタティックに平面上でしかとらえないという条件の下での矛盾でしかないからである。現実には私たちは世界にむかって働きかけ行動している。その働きかけや行動こそが内外の現実にたいする主体の関係を動的にし、意識の日常性を破壊する契機をつくりだす。その時そのような必然に支えられながら一見偶然の形をとって、かの「隠された世界」のヴェールが剥奪される。これが私たちのいうアクチュアリティということにほかならない。

❖眼には眼を

隠された世界を記録するということは、したがってたんに隠された世界が外化したものを記録するということにとどまらず、それを外化する方法、つまり現実にたいする能動的かかわりとしての行動から想像力までをいっさいふくめて、よりいっそうダイナミックにとらえねばならぬことがここに明らかである。

こうみてくると、わたしが最初に告白したような錯乱の幻覚体験は、どうやら意識の日常構造を合理的に解体する過程において現われる派生的現象の一形態ということになりそうだが、いずれにしても事物の隠れた多重構造を透視するヴォワイヤンの眼は、コンタクト・レンズでもはめこむように外側からもたらされるものでないことだけは確かである。

3

残酷を見つめる眼

芸術的否定行為における主体の位置について

羽仁進の『不良少年』は、過去数年にわたる氏の創作的、理論的追求の一応の総決算を試みたとも思われる力のこもった作品であった。それだけに、私は羽仁の記録の方法が、複雑な矛盾をかかえた社会的現実を前にして、ついに不毛のものでしかないということを、あらためて確認しないわけにもいかなかったのである。記録の射程は、しょせん記録主体の批評意識と深くかかわり合うものであることを、私はこの作品にまざまざと見たのであった。

思うに、これまでの羽仁の方法がドキュメンタリーの今日的課題に何らかの積極的な問題を提起しえたとすれば、それは彼が記録の第一義的な意味を、徹底して事実からの帰納的契機に求めたということにあったといえる。過去の記録映画が、いわば事実の羅列を観念でつなぎ合わせるというきわめてスタティックな地点で窒息していたとき、注意深い観察のつみ重ねによって、対象を生きた動態として切りとろうと試みた『教室の子供たち』や『絵を描く子どもたち』が、一面素材の特殊性に強くもたれかかりながらも、記録ということの基本的な意味を問う、いわば一つの必要条件ともいうべきものに迫りつつあったことは事実であった。ここには偶然のアクチュアリティを手がかりに、対象にたいする観念や感性のステレオタイプをつき崩す、方法的な可能性としてのドキュメンタリー意識が、もっとも素朴な形態ではあるが一応提起されてはいたのだ。

しかし、羽仁はそれをメトーデの問題として論理化をすすめてゆくよりは、それを技術の問題として、いちはやく操作のパターンを作りあげてしまったのである。氏は、仮説、条件の設定、反応の観察という手続きをくりかえし、これを長焦点系のレンズによってひそかに定着するという方程式を固定化した。したがって、対象をプロセッシヴなものとしてとらえることのなかに、対象とおのれの関係を相対化させ、そのダイナミクスから思考の能動性をひきだそうとする弁証法は、もっぱらアプローチの技術として機能化されてしまったのである。一方でドグマチックなものの見方を否定しながらも、それを支えるべき作家主体のオリエンテイションを不問に附したとき、羽仁が客観主義的な生態観察と経験心理学の袋小路にずり落ちてゆく道すじはすでに決定されていたといえる。

技術や機械にたいする物神崇拝という表現をとった羽仁のオプチミズムは、現実とカメラの関係が、終局的には一対一で対応するという素朴な反映論をアプリオリに想定している点で、芸術意識のうえでは生活綴方の次元を一歩も超えるものではなかった。対象を運動としてとらえようとする積極的な志向も、それを強烈な疎外過程として意識する眼をもたず、したがってまた解体の強制に拮抗して、これを徹頭徹尾否定して変革しようとする主体的な行為との緊張にみちたダイナミクスとして意識する眼をもたぬかぎり、それがカメラの即自的な機能によって直線的に把握されうる範囲に没主体的に限定され、しかもこれを動態としてとらえるための有効な技術的条件がすべてに先行して第一義的に重視されるという、およそプラグマチックな技術至上主義に傾斜してゆくことは、自明の結果だったのである。このような次元では、偶然的事実に対応する内部世界の意識化を手がかりに、現実と意識の疎外された日常構造を全面的に瓦解させてゆく、おのれの主体を懸けた芸術行為としての方法意識が生まれてくる可能性は、まったく閉ざされているといってもいいすぎではない。技術をイドラとすることに盲目的であった羽仁が、みずからの現実にたいする芸術的関心やモチーフの選択までを、技術の側から逆規定的に限定してゆくという滑稽な顚倒にたいして無力であったのはむしろ当然のことであった。氏の自発的な創作活動が、しばしば子どもや動物の周辺に膠着して離れなかったのは偶然ではなかったのである。『不良少年』といえども事情はべつではなかった。社会的人間的な歪みが複雑にとぐろを巻いて、オリのように沈澱しているこれら残酷をきわめた疎外状況の底辺に眼をそそぎながらも、羽仁はそれを結局猿か幼児でも観察するかのようにしか見ることができないのである。たとえ筋書きに近い体験をもつ素人を起用して、その即興的な演技のなかから、いわば生活にしみついたリアルなアクションをひきだし、これをノー・ライト、ノー・レフで盗み撮りしたものに、録音構成調のナマなしゃべり言葉をアフ・レコしてみせても、そのトータリティがそのまま状況の深層部を構造的に抉りだすことは絶対にありえないのである。この点への主体的な模索を抜きにした次元で、古くはイタリアン・リアリズムの、最近ではブレッソンからゴダールにいたる、いわゆる、新しい表現技法の形式的な模倣や巧みな折衷などに血道をあげてみせたところで、そのこと自体に一体どれほどの意味があるというのか。

事実、それらはこの作品の基本的なテーマの形成にとっては、まったく外的で装飾的なものとしかなっていないのである。そして、ねこの眼のように変貌するレンズの可能性も、それが強力に主体化されていないかぎりは、あたかもインクのでない万年筆のように無意味なものでしかないということを、この作品はネガティヴなフォーカスからあざやかに実証しているのだ。これら饒舌にみちたマニエリスムという名の安衣裳からすけて見えるのは、性格・心理・行動対環境という平板な函数関係から人間の真実を説いてみせる、相も変わらぬ啓蒙主義者の眼の鱗でしかない。

たとえば羽仁は、少年院に入れられた主人公の浅井を、まず暴力的なヤクザ組織と化しているクリーニング科のグループに入れて、そこでのリアクションが、反抗的、衝動的、破壊的になりがちなことを確認する。つぎに、温みのある相互理解に支えられた木工科のグループに編入させて、そのリアクションが、協調的、内省的、建設的になってゆくことをさし示し、そのご都合主義的なコントラストを構成上の重要な位置におくことをあえてはばからないのである。ここにおいて、氏はあの偽瞞にみちた改良主義的社会教育映画と同列のラインにまで転落していることを、みずから暴露するのだ。

想えば今からちょうど十年前、ルイス・ブニュエルはあの『忘れられた人々』において同じく不良少年を対象としながらも、それを疎外状況における残忍な解体過程そのものの不可避的な表現としてとらえていた。彼は生のエネルギーが非人間化の強制に敵対的に拮抗するとき、本能的にはいかに憎悪と暴力を必然としなければならないかということを、いわば非合理な衝動源としての無意識の次元から鋭く抉りだし、これをなにより否定の極限から逆否定の可能性に賭ける、作家としてなしうるぎりぎりの主体的現実否定行為として行なったのであった。それ以上くわしい対比を必要とするまでもなく、ブニュエルと羽仁との差異は決定的なのだ。要するにブニュエルは不良少年をみずからの内部に見つめる眼をもっていたのにたいし、羽仁にはそれをおのれの内部とはいささかもかかわりのない位置に、もっぱら観察の対象として眺めていたにすぎないのである。

この羽仁がいつだったか朝日新聞の『前衛を探る』という欄に、記録映画の前衛として紹介されていた。そういえば、政治における前衛の現状もさることながら、芸術における前衛もまたおおいに水ましされて、ここのところやたらと無原則的な前衛ブームが到来しそうなおめでたい季節とは相成ってきた。むろんこのような現象にいちいちかかずらっていてもたいして意味がないことは私も知らないわけではない。しかし芸術的前衛における永仁の壺だとか、中味は馬肉、レッテルは牛缶といった類いのにせものの前衛を、どの点でどう否定するのかという本質批判を通じて、今日における芸術的前衛の課題を明らかにすることもまたまんざら意味のないこととは思えないのである。

たとえば先日のことであった。私は、芸術的前衛を自称する人びとによって作られた『実験室ジューヌ』というグループの、第一回作品発表会なるものを見にいった。そこでは、芸術祭非劇映画部門参加作品と銘うって、石原慎太郎の『夜が来る』、岡本愛彦の『IRON』、谷川俊太郎の『×』（バツ）、細江英公の『臍と原爆』、寺山修司の『CATOLOGY』の五本の実験映画が上映された。それらはいずれも自然主義的なステレオタイプに衰弱しきった既成の映画にたいする激しい反逆と侮蔑によって色どられているという点では、日大芸術科の諸君が最近作りあげた『プープー』というダダ的な実験映画と同様、たしかにそのあたりでやたらと量産されている退屈な解説啓蒙映画の類いなどよりは、ずっと私に刺激を与えてくれるものをもっていた。

とはいえ、反逆や侮蔑をもってそのままただちにこれを前衛とするわけには、これまたゆかないのだ。それは羽仁が既成の表現構造を否定しようとして何ら本質的な否定をなしえなかったことからもすでに実証ずみのことである。要するに、これらの反逆や侮蔑は、作家全体のどのような次元から、どのような内的必然に支えられてなされているのか。ジューヌ（若もの）などという甘ったれた実験室そのものをたたきこわし、現実否定にまでつきすすむクリティックとエネルギーがここには内在するのか。このただ一つの問いこそが、ここでもまた厳しく問われる必要を私は強く感じないわけにはゆかなかったのである。

たとえば、彼らは共通して残酷というイメージに関心を寄せているようであった。あるものはヤクザの殺しをどぎつくアップでつみ重ね、またあるものは、生きたネコを高いビルの屋上から投げ落とし、これがアスファルトの上に叩きつけられて悶え死ぬありさまを冷酷に記録していた。また他のものは、突然首をたち切られた一羽のにわとりが、血の飛沫をあげながら浜辺の砂の上をのたうちまわり、打ち寄せる波に呑まれながら一個の物体と化してゆく、その断末魔の一部始終を執拗に追いつづけた。ともかくも、彼らはこのような描写によってうじゃけたヒューマニズム精神に最大の侮蔑を投げかけ、これにいわばサドの眼を対置させようと意図したにちがいない。

なるほど、私の傍に坐っていた妙齢のご婦人方は、これらの残酷なショットに眼をそむけ、いとも可愛らしき悲鳴をあげては私を楽しませてくれた。おそらく心優しき彼女らはその程度の残酷さにも耐えられなかったのであろう。しかし、眼を覆えばそこから逃れることのできるような残酷さなどに真の残酷さはないのだ。それはしょせん生理的残酷さの直接性にとどまるものでしかなく、アンチ・ヒューマンな心情が対象化されるにさいして、誰でもがすぐ発想するであろうような、いとも安直なパターン以外の何ものにもなっていない。要するに、そこには疎外と抑圧によって内部世界の奥底に形成されたあの不条理な歪みを眠りからゆりさまし、これを対応的に意識の表面にまでひきずりださずにおかぬような、深層性の構造をもつイメージが決定的に欠けているのである。

❖忘れられた人々

残酷のイメージを問題にするとき、私はここでもまたブニュエルの『忘れられた人々』を想いださずにはおれない。そういえば、この作品にも同じくにわとりが叩き殺されるシーンがあるのだ。感化院に入れられた少年ペドロが、仲間からいたずらを咎められて逆上し、落ちていた棍棒を拾いあげるや傍にいたにわとりを叩き殺すのである。しかしその残酷さは、ただ生理的な次元にとどまるものでは絶対になかった。ペドロは不良の首領ジャイボが仲間のジュリアンを棍棒で滅多打ちに殴り殺すのを目撃していた。しかもジュリアンをおびきだすのにはペドロも一役買っていたのである。このときのショックは少年ペドロの内部に深くくい込み、その恐ろしさから逃れようとすればするほど、それは非合理な強迫観念となって無意識の底に大きな歪みをつくった。ペドロの母親にたいする求愛衝動はそこに根をもつ反射的な逃避行為

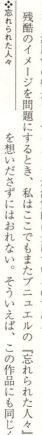

として現われてくる。しかし、腕に接吻されようとすると母親はこれを冷たく拒絶した。そのときにわとりがけんかをはじめ、母親は帚をもってにわとりを殴りつけたのである。感化院でペドロがいきなりにわとりを叩き殺した行為は、これらもろもろのショックが重なり合ったすさまじい抑圧にたいして、これに拮抗しようとする生本能の衝動が、抑圧そのものの形式を反射的に模倣して、一瞬その亀裂をぬって日常性の表面に爆発してきたものにほかならない。

たしかにそれは見るものに残酷な感動をもって迫る強烈なシーンであった。しかしその残酷さは、にわとりが殺されるそのあわれな姿によって残酷なのではなく、少年の行為が意味するものの戦慄すべき根深さによって残酷なのだ。そして、その行為と意味のすべてを通して、おかれた場における疎外の全構造を、いやがうえにも鮮明に浮かびあがらせ、同時に見るものの内部に同質の状況を強く意識させずにはおかぬがゆえに、それは真に残酷といえるのである。

ここには残酷と暴力にたいする深い洞察がある。抑圧するものの体制それ自体の暴力が、いかにその極限において被抑圧者の暴力を必然的にひきおこすかという、いわば後進疎外社会における暴力革命への原衝動ともいうべきものを、本能と無意識と物質の次元から構造的に抉りだそうとする作家の鋭いクリティックがあるのだ。それゆえにこそ、この作品には状況破壊のオリエンテイションと現実否定のヴィジョンがあり、まさにその点において、もろもろの社会改良主義者やモダニストたちと決定的に峻別されるのである。これとくらべるならば、実験室ジューヌの諸君たちの反逆など、いかにチャチなものであるかはくりかえすまでもない。

このように論をすすめてくると、またしても私の批判はまったく破壊的であり、すこしも積極面をひきだそうとする建設的な観点が見られないではないかなどと、なかには、たいそう不満を感ずる人もおられるかもしれない。だが、いついかなる場合においても、真に建設したものは、真に破壊したものだということを忘れてはなるまい。私たちの課題をうやむやにし、私たちの前進をはばむものにたいしては、徹頭徹尾これを主体的に破壊せよ。たとえ同じ陣営のものであれ、思想上の対立をいい加減なところで解消するな。妥協することなく、相互に破壊し合え、これが私のスローガンなのだ。

ところで、最近これまた徹底して破壊に懸けようとした大島渚の『日本の夜と霧』が、上映わずか四日で中止されるという、不当にして光栄ある仕うちを受けて話題となった。そういえばこの映画は、安保闘争によって結ばれたという二人の結婚式が、めちゃめちゃにぶちこわされるという破壊的なシーンによって始められる。人間と人間が結ばれるというドラマが、どのような次元で可能なのか。安保闘争を通して結びついたという大義名分をもつだけに、そのうわすべりな「統一」は、彼らが状況にいかにかかわり、現在時点においてなおいかにかかわろうとしているかという、その責任意識の根源にまでさかのぼって容赦なく解体され、今ここにおける晴れの結婚式場は、真に革命的な責任主体の条件を問う、血みどろの模索の場と化さねばならないのだ。一九六〇年における状況と変革主体の論理が批判的に検討され、それと重ね合わされるように、一九五〇年から五五年における思想と行動の主体的な責任が追及される。安保闘争を通過した現在時点において私たちのおかれた位置、私たちのなさねばならぬ責任ある行動、私たちの作りあげねばならぬ思想と主体、それが一体なんであるのかを、おのれの全重量を懸けてつきとめるために、大島はこれをさえぎろうとするあの夜と霧のとばり、私たちの内部を縦に貫く無責任と没主体の意識構造に非情のメスを下降させ、これをその根源から破壊しようと試みるのだ。

しかし、ここにたとえばつぎのような中傷があびせられる。「『太陽の墓場』の〝現状変革のエネルギー〟なるものは、方向を見出せないまま『日本の夜と霧』にみられるようにトロツキズムと結びついた」(『アカハタ』11・6日曜版)。この筆者は、この作品が反体制運動内部の、なかでも前衛党内部の病巣を抉りだそうとしたというただそれだけのことで、しかもこの作品全体を貫く作家の批評がどのようなヴェクトルをもつかということをいささかも吟味することなしに、いとも軽々とこれにトロツキズムの刻印をおすのである。トロツキズムというレッテルを貼りさえすれば、それでもはや相手を葬り去ったとするあの憎悪すべき不毛の論理が、ここにまた臆面もなく復活してきているのだ。かつて井上光晴や田中英光を苦悶のどん底に追いこんだこのような破廉恥な詐術は、同じく『反革命挑発者の論理』(『アカハタ』9・23)という論文によって、吉本隆明の戦争責任論や転向論にたいし、これを「共産党と進歩的運動への非難と中傷、文化人相互の分裂をかもしだすことを目的とした、きわめて粗雑な反共宣伝でしかない」ときめつけ、提起された問題を一方的にねじまげることによってこれを強引に流産させようとした橋本貢などの官僚主義的な論理とともに、今や完膚なきまでに破壊しつくさねばならないのだ。そして、このような思想がいまだ運動の主流を支配しており、それがぬくぬくと居直ることのできる無批判的な土壌が温存されているがゆえに、大島渚の『日本の夜と霧』は今日きわめて重要な存在理由をもつものだったのである。

だがしかし、私はここにうちだされた問題追求の視点をさらにいっそう貫徹させねばならぬという観点から、大島が徹底しようとして徹底しきれなかったいくつかの曖昧さにたいして、私の抱いた否定的な見解をはっきり対置させねばならないと考える。私の考えでは、大島の曖昧さは、たとえば宅見や東浦、坂巻といったような、運動周辺のゴロツキ不平分子にたいして、どのような批評の射程をもちえたのかという点に集中的に見てとることができる。彼らは動脈硬化の権化のような指導者中山にたいして彼の犯したもろもろの誤謬と腐敗の事実をつぎつぎとあばきたて、もっぱら被害者としての位置からその責任を追及する。しかし彼らとて、不満や疑問を抱きながらもその実なんらの積極的な批判的対決を行なうわけでもなく、ずるずるとその誤れる指導に奴隷的に従ってきたということによって、結局はその状況を下から支え、その状況にたいしてあくまでも責任を分かちもったのだということを、いささかもおのれの内部に向って問おうとはしないのである。このような人物たちを大島はどのように描いたであろうか。

なるほど大島は太田の口をかりて、「そういう態度が今までの日本の一切の革新勢力を毒してきたのだ」といわせはする。しかしそれは大島が太田をどう見ているかの曖昧さによって、かならずしも作家自身のクリティックとしては現われてこない。大島は各登場人物を相互に否定させ、人物を相対化させることによって、見るものに主体的な批評の契機を内発させようとする。それはいい。だが、そのことはなんら作家自身の批評の眼が相対化することを許すものではなく、批判を観客にゆだねる無責任さを許すものではないはずである。しかも私は宅見、東浦、坂巻らにたいする批判の意味を、全体のテーマに関係したものとして重視するがゆえに、大島の彼らにたいする態度決定の曖昧さを気にしないわけにはゆかないのだ。

だが、残念なことにその曖昧さはラストシーンにおいて決定的なものとなって現われていたといえる。ここで大島は中山に思いきり公式的なセリフを延々としゃべらせ、この堕落しきった男をさらに喜劇的人物として浮かびあがらせるべくいっそうの追いうちをかける。そういえば大島はこの男だけはほとんど相対化することなく徹底して悪玉として描ききっている。その点でも私はこの男をもっと主観的に革命に忠実な善意の男として描いていった方が、ここで私たちの問題としなければならないいわゆる没主体の意識というものの真に残酷な姿が、はるかに鮮明なイメージをもって抉りだされてきただろうと思うのだ。つまりこの映画の主人公は、たとえば中山といったような特定の人物にしぼられ、その人物によって代表されるような狭い部分の問題としてすりかえられるべきものではなく、もっとそれぞれの人物にそれぞれの屈折を示しながら現われてくる、運動全体が内蔵しているところの一つの負の意識、あの思想と行動にたいする責任意識の欠如、その主体喪失の総体的構造にこそ向けられねばならなかったはずだからである。そしてまさにその意味からこそ、ラストシーンにおいてもっとも鋭く焦点を合わせねばならなかったのは、ここでは宅見や東浦、坂巻などであり、あるいはまた野沢や美佐子などではなかったのかと私は思うのだ。

たとえば宅見は「過去に誤ちを犯したものでも権利はある。未来に向って再び誤ちを犯すまいとする限り問う権利はある」といった。だがその宅見は、太田が敵権力によって検束され、これを追うなと中山がアジった瞬間、その状況にたいしていかなる態度決定を行なうことができたのか。あるいは東浦や坂巻は、そして野沢や美佐子はどうなのか。彼らは一様に沈黙をおし殺したままその場に立ちつくしていた。そして大島のカメラは中山から彼らの上をつぎつぎとすべるように通り過ぎ、彼らの内面に充分くい入らぬままふたたび中山へともどっていった。しかも中山の演説を音楽でかき消すという作家の主体的な操作をこれに加重することによって、ラストシーンはいやがうえにも、もはや亡霊としての意味しかもたない中山のうえに集中されたのであった。このとき、作家の具体的な批評行為としてこのカメラの運動、作家の現実にたいする批評そのものであるこのワン・ショットを通じて、私は批評主体としての大島の位置は一体どこにあるのかということを、かなり大きな疑問として感じないわけにはゆかなかったのである。

この映画における戦後責任の追及の意味は、このラストシーンにこそあざやかに結実さるべきものであった。なぜなら安保闘争を通過した現在時点において、私は日本の被支配階級がこの闘いを徹底的に有効に闘いえなかった主体的な原因の一つを、このラストシーンにおける沈黙のたちすくみのなかに見るべきではないかと思うからである。ここには過去の体験を交錯させ反芻することによって、その内側の壁を懸命につき抜けようとする何らかの胎動と、それをひきもどそうとするあの根深い負の意識とが、激しく拮抗し、複雑にからみ合って、全身を引き裂くほどにせめぎ合っていたはずである。私はこのぶ厚く凍りついた沈黙の時間のなかに、革命が避けて通ってはならない残酷の状況を見るのだ。そして、その一人ひとりの内面をおのれの主体的な格闘と猛烈にぶつけ合わせながら、いま目前に起りつつある現実そのものの意味する危機の名において、なお容赦なくその沈黙を断罪すべきではないかと思うのである。

堕落したリアリズム

A君、手紙読みました。私が『武器なき斗い』をこきおろしたといって、君はどうやらひどく腹を立てているらしい。この情勢下にああいう進歩的な映画を根本的に否定するなんてケシカラン、それは結局反動勢力に利するだけだ、とまあこういう相変わらずの論法だけれど、そういう考え方が、いかに民主主義映画運動の腐敗を助長させてきたかということを、君はまだすこしもわかっちゃいないのです。それどころか、この前の国民文化会議に見られた山本薩夫批判のカンパニアの黒幕はお前だろうなどと、どうしてすぐそういうバカげたかんぐりをするのか、私にはなんとも滑稽に見えて、これ以上まともにお相手するのはいささかしんどい思いです。そういえば先日も、同じように腹を立てたらしい山本薩夫の助監督諸君たちが、いったいあの作品のどこが悪いのかはっきり聞かせて欲しいと、私に会見を申込んできたことがありました。しかし私にいわせれば、私と同世代の、あるいは私よりすこし年輩の、いずれにしても二十代から三十をすこしでたくらいの青年たちが、何一つこれまでの独立プロ運動に本質的な批判をもっていないばかりか、お師匠さんの悪口をいうやつは許しておけぬとばかりいきりたっているようじゃァどうしようもない。そんなことだから、これまで独立プロ系からはすぐれた新人監督がでてこないのです。

まあそれはともかくとして、私がなぜ『武器なき斗い』を評価しないのか、なぜそこに従来のリアリズムの破産を見るというのか、その論拠をごくポイントだけにしぼって、君のような石頭の人にもわかるように、以下かんたんに指摘することにしましょう。

まずこのシナリオのまえがきを見ると、ライターの依田義賢《よしかた》と山形雄策が、「……そのおかれた時代と、およそ対照的な性格をもつ一人の人間の、静から動へ転じざるをえなかった人間像を描くことが、この映画の重要なテーマであり、特色でもある」と書いています。たしかにある状況のなかで、人間があるものから他のものに変わるとき、その変貌の内面に眼をそそぐことは、きわめて重要な意味をもっています。今日的なドラマのリアリティは、その内面の変貌を、どれほど状況の深部とかかわらせて掘り下げえたか、ということによってきまってくるといってもいいすぎではありません。たとえばこの作品では、山宣がいかに生物学者としての自己と革命運動とを、おのれの内面で深く統一していったか、その内的過程をどう表現しうるかに、作品そのものの生命がかけられるべきことはいうまでもありません。しかし、まさにその点の追求のおそるべき浅薄さにこそ、『武器なき斗い』を全然評価することのできない根本的な理由があるのです。一例を挙げましょう。
宣治「僕はねえ、何度立候補することを、断わったか知れん。生物学とお別れになることはもちろん、親としても夫としても、失格してしまうと思ったからだ…病気と落選は、昔の僕なら、ハハハ、神の啓示ということや。僕は……」
蓮田「(さえぎって)なんや、あれ……(立って窓から見下ろす)」
○植えこみをぬって、かけてくる中山。
中山「奥さん! 奥さんッ! 大変大変やァ! (蓮田の姿を見て)蓮田さん! 当選やッ。ワーイッ(子どものように乱舞する)」
蓮田、笑いながらふり返る。宣治のつむった眼から涙が流れている。
蓮田「宣治さん!」
宣治「滝さん! 大衆の力は偉大やなァ。おれの道はきまったよ」
○選挙に協力した労働者農民が集まっている。蓮田と千代に支えられた宣治が、縁先に出てくる。
宣治「諸君! ありがとう……今日から、私のからだは諸君のあずかりものであり、一万四千票の代表です。山本宣治は、労働者農民諸君の山宣になりました……一日も早く病気を治して、全力を奮って闘うことを、改めて、厳粛にお誓いします」

深く頭を垂れる。のぶが泣きだす。清もポロポロ涙をこぼしている。本田さえが泣く。が、声をはりあげて。

本田「勝利ッ、勝利じゃないかッ。岡本さん！　音頭とって下さい」

岡本「（涙の眼で、だが野太く叫ぶ）山本宣治先生当選万才！　労農党万才！」

万才！　万才！　の声。

どうですA君。読んでいて恥かしくなりませんか。一例とはいえ、これはいうまでもなく、『武器なき斗い』全篇中、テーマの内面性からいえば、もっとも重要であるべきシーンです。しかし、ここのどこに、生物学者と政治家との現実的な自己撞着に引き裂かれて悩んでいる人間の、その内部世界にたいする鋭い凝視があるといえますか。私には、そんなものはひとかけらもここに感じることはできません。いささか弱気になっていた山宣も、「大衆の力は偉大やなァ」と、たちまち悩みなどどこへやらで、「今日から……労働者農民諸君の山宣に」なってしまうのです。これが「静から動へ転じざるをえなかった人間像」だなどと、山形雄策や山本薩夫らは、本気でそんなぐあいに思っているのでしょうか。だいたい生物学者としての山宣が静、政治家としての山宣が動という、そういうとらえ方そのものに、救いがたい誤りがあるのです。生物学者として、あるいは親として夫として生きたいと願う気持を、しょせんプチブル的エゴイズムとして思い切り断ち切ること、それを即、状況により深く積極的にかかわってゆく生き方として評価する、そういうものの考え方に誤りがあるのです。その葛藤を、作家たちがもっとおのれの内部でぎりぎりのところまで見据えていったなら、こういう安っぽいロマンチシズムとしては、このシーンを描けなかったにちがいありません。それというのも、山形雄策や山本薩夫らが、日頃政治第一芸術第二とごく単純に割り切って、すこしも作家として悩んでいないことがそうさせるのでしょう。私は、山宣のこういう変貌のなかに、何よりも彼らの内部世界の荒廃ぶりを、まざまざと見ないわけにはゆかないのです。

こういう欠陥はその他にも随所にあります。それも山宣についてだけでなく、重要なわき役の描き方が、みなそうなのです。たとえば清という人物。これは地主からひどい搾取を受けている小作農ですが、最初は視野の狭いエゴイストとして設定され、それがやがて農民運動のすぐれた活動家に変貌する、というふうに描かれています。そしてこの変貌のきっかけとなるのが、またしても「大衆の力」にほかなりません。

岡本「さあ、しっかりと腕をくめ。バラバラになるなよッ。警察や暴力団の挑発にのるなよ。武器といわれるような道具は一切もつな。わしらは、何がなんでも、ただただ田ンボを守るんやッ……さあ日農の歌を歌って、出発！」

行列は歩きだす。

女達「しっかり頼んまっせッ」
「負けたら、あかんえッ」
その中には、おさきも、のぶもいる。行列の中の清の眼に、涙が浮かぶ。歌声、高くなる。

一同にたいしてなかなか不信を解こうとしなかった依怙地ものの清も、スクラムを組んで警官に立ち向おうとする農民たちの必死な姿をみて、一ぺんにもっとも勇敢な抵抗者に変貌するのです。たじろぐ農民たちを後ろに、清はまっ先に警官隊のなかにとび込んでいって、手荒く検束されてゆきます。

清「(トラックから)お母！」
さき「あ、清ッ！」
清「お母！　わしら、負けへんで、心配しなや」
小原「そうや。きっと勝つで、おさきさん！」
清「のぶちゃん！　先生にいうてくれ。わしは、仲間の田ンボの稲など、抜かへんて、死んでも抜かへんて、ええか」
トラック、動きだす。清、小原たちと声をはりあげて、日農の歌を歌う。さきとのぶ、涙の眼で、遠くのトラックを見送る。

ここで清の変貌を見る見方が、先の山宣の変貌を見る見方と、まったく同じものであることくらいA君、君だってわからないことはないでしょう。大衆の闘う力に触れ、いっきょに我執をすててそのスクラムのなかにとびこんでゆく。山形、山本コンビの描く積極的人間像の形成の姿は、何もこの作品にかぎらず、いつもそのような図式としてくり返されてきているのです。しかもそれを高潮した群衆シーンとセンチメンタルな涙で、ごく表面的な昂奮状態をつくり、そのなかでなんとなくモヤモヤとごまかしてしまうというのが、彼らのやり口にほかなりません。つまりはまったくのメロ・ドラマであって、その点木下恵介などのメロ・ドラマと、すこしもその本質はちがわないのです。ちがう点があるとすれば、山形、山本コンビのメロ・ドラマの方が、人物の描き方がより類型的だということでしょうか。

類型的といえば、学生本田の描き方など、ほとんどいやになってしまうほど類型的です。本田は軽薄で、ハネ上りで、弾圧が厳しくなると、たちまち転向する人物として設定されています。農民の清とちょうど対照的に描かれているわけですが、そこにはそもそも学生などというものは本質的にプチブル的な日和見分子だという、ひどく図式的な観念が牢固として据えられているのです。そして不愉快なくらい不自然に、本田はことあるごとに山宣を侮蔑する役を演ずるわけです。「先生の趣味は、ブルジョワ的ですね」「うわっつらの人気なんて、弾圧や買収には弱いんや。それに、山宣は真の革命的指導者じゃないからな」「僕は卒直に言いますがね、指輪ひとつの問題じゃない。先生の考え方の底にあるブルジョワ的なものが……」というたぐいのセリフを軽々しくしゃべり、弾圧をくって検束されるとコロリと転向するのが本田です。さしずめ暗に学生トロツキストの本質はこれだぞといいたかったのでしょう。しかも本田の転向は間接的に噂として描き、ごていねいにあれは満鉄の本田の倅だったんだと、その出身がブルジョワ階級だったということを強調しています。むろん本田の転向の内面などには、それこそ何一つ触れてはいません。触れるまでもなく当然だといわんばかりです。そしてこういうとらえ方が、やはり山宣や清のとらえ方を、ちょうどそのまま裏返しにしただけで、本質的にはまったく同じものであることはいうまでもありますまい。

もっともすこしばかり寛大なところを見せようというのか、戦後はじめて山宣の命日に、ふたたび松葉杖にすがった復員姿の本田を登場させ、山宣の墓の前で自分の転向をザンゲさせるのです。そして、そこに集まっていた昔の仲間たちも、誰一人本田を責めず、心よく彼をその隊列に迎え入れるのです。

本田「くだけた脚が、脱落した僕にとっくり反省さしてくれたよ。のぶちゃんも、許してくれ。……なあ」

のぶ「よく来て下さったわ。先生は帰って来たもんを、決して咎めやらしまへんわ（涙ぐむ）」

……中略……

本田は墓前に来て、急に涙がこみあげて遂に松葉杖を投げだして打ち伏してしまう。それを清とのぶが抱きあげようとする。本田はそれをはらって、
本田「いいよ、いいよ、大丈夫だ」

本田は松葉杖を拾って、力強く墓前を退き、若い労働者たちに迎えられて大声で歌う。その姿を、谷が遠くからやさしい眼で眺め、顔を見合わせて、何度も、よく来た、それでいいとばかりうなずく。本田も微笑を返している。墓をとりまく人びとの群は力強く明るく平和の歌を歌いはじめる。


ああ、何という痴呆的なラストシーンでしょう。この底知れぬ楽天主義！　そういえば、山本薩夫はこのラストシーンだけを、カラー・フィルムで撮影しています。おそらく山本は、敗戦による解放の記憶を明るい色彩のイメージとして思い浮かべているのでしょう。「山宣さん、十八年間、このお墓の傍へも、忍んでしか近よれなかったあなたの同志たち、一緒に闘い、また永い間牢獄に呻吟した友だちが、いまここへ、ともかくも自由をえた喜

びに馳せ参じました。山宣さん、喜んで下さい。われわれは嬉しい。永い苦労でした」

これは山宣の墓を前にして、解放の喜びを報告する共産党員谷のセリフです。共産党も当時アメリカ占領軍を無条件的に解放軍と規定したくらいですから、事実こんなことくらいはいったでしょう。しかしその後十五年を経た現在、それを見つめる山本の眼が、まったく谷自身の手ばなしの喜びと、ピタリと重なっているところに問題があるのです。戦後の日本の革命運動が、戦中の挫折と転向の経験を、みずからの戦争責任の問題として抉りだすことをせず、その他動的な解放を欣喜雀躍としてやり過し、結局は敗戦直後の革命的エネルギーを流産させるにいたった事実をどう考えるのでしょう。それだけではありません。それから十五年、ついこの前の安保闘争にいたるまで、その延長線上につぎつぎと誤りを犯してきた政治前衛の戦後責任の問題を、戦中から戦後にかけてまさにそのままの誤謬の歴史を生きてきた山形や山本らは、いったいどういう思いでふり返っているのでしょう。戦争戦後責任の問題を本気になってすこしでも考えているものなら、すくなくとも戦後十五年を経た現在時点で、敗戦直後のイメージをモノクロームからカラーに変えるという発想はできなかったにちがいありません。本田の坊主ザンゲ、それを手ばなしで迎え入れる人びと、そしてただただ歓喜にひたってふたたびスクラムを組み直すというイメージとしては描けなかったでしょう。しかし山本は何の心のかげりも見せず、十五年前の意識そのものでそのシーンを描いたのです。とくにあのラスト・ショットを思いだして下さい。

カメラは林立する赤旗からゆっくりとパンをして、そこに示された民衆の団結が、日本国中津々浦々に広がってゆくとでもいいたげに、茫洋とした野山と青空の空間へと、その視野を広げて行って終わりとなるのです。自己批評も思想もない、何という無残なカメラ・ワークであることか！　このラストシーンとラスト・ショットには、山本薩夫という作家がどういう作家であるかが、まさに赤裸々に自己表現されているといってよいでしょう。

A君、私がなぜ『武器なき斗い』を評価しないか、すこしはわかってもらえたでしょうか。状況と人間をこれっぱかりも内部から描けなかった映画、その意味で作者たちの荒廃しきった内部世界そのものの自己表現としかならなかったこの貧しい世界、そういう作品をどうしてすぐれた芸術だなどといえるでしょう。思想的に見てもけっして進歩的だなどといえたものでもありません。これをもしリアリズムというなら、リアリズムは今どうしようもなく堕落しているとしかいいようがないと思います。その堕落ぶりは、『武器なき斗い』が選挙の道具として作られたように、つねに芸術を政治に直接役立てようとして作ってきた、その根本的に誤った考えとむろん無関係のものではありません。そして戦後の民主主義映画運動は、一貫してその誤りを反省して見ようとはしないのです。

A君、そういう頽廃を許している責任は、こういう作品をただ進歩的な立場で作られているのだからといって擁護してきた君たち一人ひとりのなかにもあるのだということを、このさい、けっして忘れないようにしてもらいたいと思います。

モダニズムとクリティック

——去年はばかに仕事をしなかったようですね。春に『白い長い線の記録』を撮って、そのあと中国に行って、帰国後もう半年になるけれど、あれから一本もやっていないでしょう。この前関西へ行ったとき、和田勉が彼みたいな一発大作主義じゃだめだってずいぶん批判的でしたよ。そういえば京都記録映画をみる会の浅井栄一なんかも、いまどき一年に十本くらい処理できないような作家は、もはや現代の作家とはいえないなんていってたな。まあ十本とはいわないまでも、四本や五本は軽く作らなくちゃ、第一全国の女性ファンのみなさんに申しわけない。それだっていうのに、このところもっぱらこむずかしい評論を書いたり座談会にでたり、なんだか批評家にでも転向したかの感があるけれど、まさか作家廃業というわけじゃないでしょうね。ハハア、それとも自分の能力の限界にいちはやく気がついて、創作の方ははやくも断念したってわけですか。しかし、そうだとすると批評の方には能力があるとでも思っているんだからオメデタイね。いつか『芸術ジャーナル』に中村宏が、松本俊夫は美術批評家の卵から二転していまや三流映画監督になり下ったなんて書いていたけれど、今度はさらに三転して、とうとう三流映画批評家に転向したってわけですか。

——いやどうも驚いた。どうしてこうもみんながみんな、何でもかんでも勝手にひとりできめこんでしまう悪いくせがあるんだろう。岩佐氏寿なんかもこの前の『顔面蒼白の騎士』というエッセイのなかで、ぼくのことをまるでPR映画や教育映画を根っから敵視しているコチコチの公式主義者みたいに宣伝していたけれど、おかげで効果てきめん、それ以来仕事の注文がぐっと減ったのは参りましたねェ。あれはれっきとした営業妨害行為ですよ。そうかと思うと労組関係の映画の方も、一昨年の『安保条約』以来サッパリなんです。猫に小判というのはあのことなんで、あそこに提起されたいろいろな課題や可能性をすこしも本気で検討してみようという気なんかまるっきりないばかりか、作家はともかく俺たちのいうことをハイハイと素直にきいて、それを映画に翻訳する技術を提供していさえすればそれでいいんだという、いってみれば鼻持ちならない労働者万能主義が根強く残っているんですね。それにこういう運動を牛耳っている小官僚主義者たちが、自分たちに楯突くものはすべてトロツキストに見えるという、およそ偏執狂的な色眼鏡を相変わらずかけつづけているらしく、ぼくなんかをまるで運動の破壊と分裂をねらう挑発危険分子の旗頭みたいにいいふらすものだから、総評映画をはじめ組合関係の映画からもいまや完全にシャットアウトされちゃったわけです。体制側、反体制側を問わず、奴隷の言葉で語る職人ほど歓迎されるというのがいつわらぬ現実なんですよ。

――それはまあそうでしょう。しかし結局孤立に追いやられるような抵抗のしかたじゃどうしようもないんじゃないでしょうか。どうもあなたの話を聞いているとやっぱりひ弱なプチ・ブル純粋抵抗派の限界をすこしもでていない、という気がするんです。だいたいあなたは大島渚の抵抗のしかたを方法論を欠いた猪突猛進主義で、あれではだめだなんてかなり批判的なことをいっていたけれど、ぼくにいわせれば松本俊夫の抵抗のしかただって大島渚のそれとたいしてちがわないような気がしますね。そういう意味では、どうも資本家側の方がいつだって一歩先に進んでいるんだ。彼らは少々のところは思想なんかてんで問題にせずに、むしろ作家をうまくおだてて、その能力や自発性を積極的にひきだしながら、もっと巨視的な次元でそれをすっかり自分の論理にくみこんでしまうという、きわめてすぐれた支配の方法を身につけているのですからねェ。そういう複眼的な方法を運動の論理として逆にこちら側の有効な武器としていくことが、今の状況では絶対必要だと思うんですよ。つまり花田清輝のいう狐と狸の化かし合いの論理を、抵抗の方法としてももっと真剣に考えて欲しいということです。どうです、みごとにあなたのアキレス腱を突いたでしょう。

――ちょっとばかり耳が痛いですね。もっとも、そういう構造改革プランは、実際上はしばしばミイラ取りがミイラになってしまう危険性をともなっていて、そう甘くは行かないと思うんだけれど、確かにそういう論理をもうすこし身につける必要性があることは、ぼくだって充分考えてはいるんですよ。たとえばいまぼくのとりかかっている『西陣』なんていう作品は、さっき話にでた浅井栄一と共謀して、そこらを具体的に一歩おしすすめてみようという実験的な魂胆をもって始められたものなんです。もっとも軌道にのせるまでには、まったくのところものすごい労力と時間がかかっちゃいましてね。ここ半年間ほかの作品の演出をみんな断らざるをえなかったのはそのためなんです。それだっていうのに、浅井栄一は一年に十本くらい作れないようじゃだめだなんて、そういう無責任な批判をするとはまったくケシカランな。おかげでぼくはもう質屋に入れるものもすっかりなくなってしまったくらいですよ。

——おやおや、あなたも案外お人好しですねェ。そんなこと、女房や子どもでもいたらとてもできませんよ。逆にいえば、女房や子どもがいたらできないというようなやり方では、それは運動としてはあまり意味がないんじゃないですかねェ。そういう地につかない小児病を克服するためにも、そろそろあなたも意地をはらずにまずは結婚でもしたらどうですか。

——どうもいうことがいちいちしゃくにさわるね。俄然形勢は不利になったけれど、ぼくのいいたいのは、そうでもしなければほんのすこしばかりの表現したいことすら作品にしていくことのできないような映画界の不毛状況をどう打破していくかということなんです。その原因を客観的にも主体的にも明らかにして、今のゆきづまりを何とか克服する道をみきわめたいからこそ批評活動や理論活動にも力を入れているんで、むろん批評家に転向したとか作家を廃業したとかいうことじゃさらさらないんですよ。それをそもそもやれ作家は理屈っぽいことをいうななんて小さな縄張り根性をちらつかせてみたり、狭いジャンル意識が抜けきれずに自分のテリトリーにこだわって、自分から活動領域を制限したりするのはナンセンスですよ。ぼくは、あくまで前衛的なドキュメンタリー運動のブルトンを目指しているわけです。

——あまり頼りにならないブルトンですねェ。まあそれも結構ですから、せいぜいはねあがらないように注意して、うまくやって欲しいものです。つまり欲求不満を裏返しにしたような毒づき方に終始していたんじゃ困るということです。そういえば、『三田文学』一月号のシンポジウムに「疑似前衛批判序説」なんてものものしい題の論文を書いているでしょう。あれ最初また例によって共産党幹部批判でもやっているのかとちょっと心配したんだけれど、どうやら芸術上のモダニズム批判のようですね。ところであの論文を読んだあるコチコチのクソリアリストが、松本俊夫はてっきりモダニストだと思っていたら、今度はモダニズム批判をおっぱじめたけれど、ありゃ一体どういうわけだなんて首をかしげていましたよ。ここのところ寄ってたかってさんざん批判をされたりおどかされたりしたからついに自己批判をしたっていうわけですか。

——あいにくと、意志はすこぶる堅固な方ですから、そうかんたんに思想をくるくる変えることはありません。芸術上の問題としては、一方で素朴政治主義的クソリアリズムを切り倒し、他方で方法論万能主義的クソモダニズムを突き刺すというのがぼくの寸法です。ことに最近芸術的前衛といわれる部分で行なわれているモダニズムとの無原則的な野合ぶりにたいしては、これを黙って見過すわけにはゆきませんからね。あそこで「私は日本における芸術革命の道が、政治革命の道と同様、その前衛部分の思想的無原則性と無責任さのゆえに、およそ茶番劇的な混乱と誤謬の泥沼におとしこまれてゆくのを感じて、それこそ暗澹たる気持に襲われるのを否定することができない」と書いたけれど、その考えはいまでも変わるはずがありません。

——なるほど、おおいに同感です。しかしどうも変だな。あなたの『白い長い線の記録』なんかだって、ありゃまぎれもなくモダニズムだと思うんですがねェ。そういう意味では、いまのは当然自己批判もふくめていっているんでしょうね。

——わかっちゃいないんだなあ。実験映画というとすぐモダニズムだと考えるのは大きなまちがいですよ。あの映画には、トータル・イメージとして一本きちんとクリティックが貫かれています。すくなくとも、スポンサーのついた映画で、あれだけのことをした作品がこれまで一本でもあったら教えてもらいたいものです。そりゃぼくだってあの作品をこれこそ前衛の課題に応えるものだなんてけっして思っちゃいませんよ。むしろはじめっから、自分の芸術的プログラムのうえでのある部分的な課題を、PR映画という枠のなかで最大限やってみたにすぎないんです。われわれの場合、目下のところそういうヒモつきの仕事以外に、なかなか自分の創作の場がないということなんで、そういう客観条件を無視して、ただいたずらにその限界の面だけをとやかくきめつけられるのは心外ですね。

——もっともなようで、ちょっとそれは卑怯ないい方じゃないですか。芸術というのは結局作られた作品以外にはものを語りませんからね。第一そういう弁解がましいことは仲間うちでしか通用しないことです。それに外部条件が困難なことは今日自明の前提なんであって、そういうことで現状を合理化しようとする根性が、作家の腐敗に拍車をかけてきたというのがあなたの日頃の主張だったじゃありませんか。真のドキュメンタリストは結局のところそれを主体的に何としてでも突破するもんだと思いますね。しかし、まあいいでしょう。それはともかく、この前あるバーで画家の山口勝弘に会って聞いたんだけれど、あの『三田文学』の論文であなたが東野芳明のことを、過去現在にわたって一度も芸術的前衛だなどと考えたことはないって書いていたでしょう。あれを東野が読んでカンスケに怒っていたそうですよ。どうしてあなたはあっちこっちでこうもすぐ人を怒らせるんでしょうね。

——ははあ、すると東野が怒っていたということは、東野が自分では芸術的前衛だと思いこんでいたからなんですね。これだから救いようがないというんですよ。かつてぼくがまだ美術批評めいたことをやっていた頃、東野芳明とは青美連やその他の会合で二、三度一緒に講師になったりしたことがあったけれど、僕はその頃からちゃんと東野は主題の追求を抜きにした方法論万能主義のモダニストだって批判していましたよ。彼もまた花田清輝のエピゴーネンで出発したにはちがいないんだけれど、花田の強靭な思想や批評精神はすっぽり落としてしまって、いわばその方法の形骸をもっぱらパターンとして濫用するという傾向がはじめっからあったわけです。つまりは現実との身を引き裂くような格闘のなかで、ものを主体的に批評する論理をみずから構築してきたことなんか一度もないんじゃないかと思いますね。その東野が『現代芸術』の一月号の座談会で、最近流行のネオ・ダダイズムにいかれた日大芸術科の坊やたちのお遊びをさも意味ありげにながながととりあげていて、しかもそこだけをゴシックで印刷かなんかにして、あたかもそこに芸術的前衛の課題につながる何かがあるかのような暗示を与えている、あるいはすくなくともそう受けとられるような処理の仕方をしている、そんな編集方針に無性に腹が立ったんですね。それが現実の諸矛盾にすすんで身を投げかけ、ドキュメンタリーの精神と方法によって芸術の革命と深化をはかる、とかなんとかずいぶんえらそうなことを綱領に掲げているもっとも前衛的な芸術団体の機関誌の方針かと思うと、いささかやりきれない気持になるのも無理はないじゃないですか。ここ数年、硬直した自然主義リアリズムの芸術観が急速に崩れ去ってゆく過程で、その裏返しの座標に必然的に現われてくる疑似前衛的なもろもろの俗論を徹底的に打ちくだき、真の芸術的前衛のすすむべき道をこれと鋭く峻別することが目下の急務だというのに、既成の芸術的前衛がしばしばこれらモダニズムと無原則的に野合する傾向にあるということは実になげかわしいことです。『三田文学』のシンポジウムで、ぼくが寺山修司や土方巽たちにたいしてことさら執拗に対立して、徹底的な批判を展開したのもそういう配慮があったからにほかならないんです。

——なるほど、なるほど。でもぼくなんかは、寺山があの若さであれだけエネルギッシュに一応水準以上の仕事をつぎつぎと発表しているあたりは、やはり相当の才人だと認めてやりたい気持もあるんです。すくなくともあなたよりはずっと仕事してますからねェ。それに寺山はあなたの『白い長い線の記録』を見てずいぶん感心していたっていうじゃありませんか。もっとも彼があの作品に感心するあたりはやっぱりモダニストなんでしょうがね。その意味では寺山芸術の本質を、表現の変革の問題をあくまで現実にたいする批評意識の変革の問題として追求する原則的な立場を放棄した、没批評、没思想、没主体なるものにして新奇なるもののすべてだといって否定することには、ぼくも賛成です。ところであのアクション芸術というか、ネオ・ダダイズムといわれる反芸術主義の芸術は、あれはやっぱりアンフォルメルあたりからつながってきていると思うのですが、彼らが破壊だ破壊だとわめいているのと、あなたなんかが破壊を強調されているのと、一体どうちがうんですか。

——同じく破壊を口にしたからって気安く混同されるのはしごく迷惑ですね。たとえば『駿台論潮』の四九号に、ネオ・ダダ会員の吉村益信が「ぶちこわせ」という子どもじみたエッセイを書いていますが、彼はそこで「ネオ・ダダの美学環境は、サドだ、SEXだ、桂離宮のハカイだ、純粋タブローのハカイだ、観念美学のハカイだ、妄想者どもの墓場国会のハカイだ」といい、「息も出来ない、臭気に充満した、汚物だらけのこの現実に突破口をつくってやるのだ。ついて来い！」とたいそう威勢のいいところを見せているんですね。しかし彼らがサドというとき、そこでサドの思想がまったく骨抜きにされていることを彼らはあまりにも気がつかなさすぎる。つまり彼らは現実否定ということをほとんど主体的に論理化することができず、ただたんにそれを心情的、ムード的に緊張させて、その無媒介的なエネルギーを擬制的な脱出口に向けてむなしく燃焼させているに過ぎないというのがぼくの見方なんですよ。要するに言葉の正当な意味におけるクリティックが喪失しているんですね。それはアンフォルメルが数年前に流行しはじめたとき、すでに感じられたことでもあったわけです。その頃、ぼくは『美術運動』の五七号で「日本の現代美術とレアリテの条件」という論文を書きましたが、そのなかでこういっているんです。「むろんたとえばアンフォルメルはたんなる形式的装飾主義ではなかろう。たしかに、今日われわれが、なによりも既成の観念や感性を破壊し、合理的ヒューマニズムと古典的人間観を解体することなしに、新しい主体は確立されぬという観点に立つとき、そこにみられる烈しいダダ的な反俗精神と果敢で情熱的な即物的意志に私もまた共鳴する。だがアンフォルメルがその哲学的基礎をニーチェに求めていることは偶然ではないのだ。そもそも、そのファシズムにでも移行し得るようなデュオニソス的なるものの即自性、もしくはアクションの絶対化によるオートマティックな無媒介的表現、このような方法は、外部現実への能動的実践的かかわりのうちに生起する主体内部の複雑な動きを冷徹に凝視し、その内部世界を不断に外部世界へあいわたらせることによって現実の主体的総体的把握につきすすむという媒介性の高い、弁証法的な方法とは無縁である。記号とマチエールへのフェティシズムは、社会的諸関係の状況、その物質的な性格をむきだしにしてとらえる方法としてのオブジェ意識とは別個のものである。フェティシズムは、人間の物質への方法上の意識的な自己解体ないし客体化ではなく、人間そのもの、すなわち作家その人の、社会現象としての物質的自己解体と、その無意識的自己表現にほかならない。したがって、主観的には、いくら内部の緊張と主体の充実感を対象化しているつもりであっても、それはしょせん、フェティッシュとしての記号やマチエールと、そのような内部感覚との間に、自分なりの疎通を成立させ、常同性を構成するからであって、客観的にはこれもまた主体喪失の一現象に過ぎないのである」というわけです。そしてこの批判はそのまま今日のネオ・ダダ的なモダニズムにもつながると思いますね。ともかく、疎外された現実と意識の日常構造を瓦解して、状況のトータル・ヴィジョンを鮮明に浮かびあがらせる、そういう批評のヴェクトルをもたないような芸術行為を、真の芸術的前衛と呼ぶわけにはゆかないということです。

——よくわかりました。ただし理念としてはですよ。しかしはやくその真の芸術的前衛とかに値いする作品というやつを作っていただきたいものですねェ。作家の生命というものは、結局のところ何をいったかにあるのではなくて、何を作ったかというところにあるのですからね。まあ今回はこの辺で。せいぜい『西陣』とかいう作品をいいものに仕上げて下さい。

追体験の主体的意味

『二十四時間の情事』について

いくどもくりかえして見たくなる映画がある。そして見れば見るほど多くのことを考えさせられる映画がある。私はアラン・レネの『二十四時間の情事』を、そのような映画だと思っている。

ともかくこの映画から受ける感動はそう単純なものではない。なぜなら、これは、一つのモチーフが他のモチーフと重なり合い、一つの観念と他の観念とが打ち消し合いながら、何本もの糸がもつれ合うようにして、ようやくその主題が浮かびあがってくるという作品だからである。あるいはまた、受けた複雑な感動を分析してゆくと、作品のなかにそのような構造が対応して見えてくるといいかえてもよい。

まずいえることは、これは非常に新しい映画だということである。しかし、その新しさというものは、何よりもレネやデュラスの、戦争体験を見つめるその「見つめ方」の新しさなのであり、ヒロシマというものをとらえるその「とらえ方」の新しさなのである。そしてとくに彼らがすぐれているのは、そのような主題の追求を、あくまでも表現の追求とみごとに統一させているところにある。

まず冒頭で、フランス人の女と日本人の男が抱き合っている。女は「私は病院も見た。博物館も見た、ニュース映画も見た」といい、原爆のもたらした惨劇を何もかも「見た」という。そのたびに男は「君は何も見ていない」とくりかえすのである。たしかに女はヒロシマの「事実」を、あらゆる角度から実にたくさんよく「見て」はいる。しかし、女はヒロシマの「意味」を何も見ていない。つまり女は、ヒロシマというものを、たんに「見えるもの」の累積としてしかとらえていないし、それもヒロシマを自分の「外側」に、同情と恐怖の対象としてしか見ていない。男が「君は何も見ていない」というのはそのためである。

ここには、もっとも肉体的、本能的な人間の結びつきがありながら、同時にどうにも埋めることのできない深い断絶がある。その断絶は、ちょうどカイヤットの『眼には眼を』の、あのヴァルテルとボルタクの断絶に似ていないこともない。

ところで女が「見た」ということを否定されるとき、その否定には二重の意味がふくまれている。あれを見たこれを見たといいながら、そこにくりひろげられるものは、ヒロシマの惨劇を「事実」としてとらえた映像である。そのなかには亀井文夫の『生きていてよかった』や、関川秀雄の『ひろしま』のショットもふくまれている。しかし、それらは結局ヒロシマを「ケロイドという直接性」でしかとらえておらず、その意味で女が「見た」

という次元と同じレベルでしかヒロシマを見ていない。つまり、「何も見ていない」という言葉は、そういう映像にたいしても向けられていたのではなかったのか。

それはこじつけだという声が聞こえるような気がする。しかしそれがこじつけでないことを知るためには、さらにそのさきにでてくるロケのシーンを見る必要がある。そこで撮影されている映画は、「平和を主題にした」ものということになっている。しかしデモのプラカードが通りすぎるとき、女はふと「石けんの広告映画だっていくらもあるでしょ」といい、その言葉がプラカードとぶつかり合って、「宣伝」というイメージを生みだすのである。さらにデモの行列は、やがて「お祭り」の行列に変わってゆく。むろん、レネは混乱しているのではない。明らかに意識的に、日常のお祭りと化した平和の宣伝的行事それ自体と、そのような意図のもとに作られる「平和映画」の、どうしようもない限界を鋭く批判しているのである。

それはデュラスのシノプシスを読むと、いっそう明らかになることである。彼女はその場面については「平和を主題にした教訓映画を撮影したところである。けっしてばかげた映画というわけではないが、余計な映画、それだけのことなのだ」と書き、その行列をさして「すでにバロック的となった行列」ともいっている。あるいはまたこの映画全体の意図にふれて、「恐怖による恐怖——それはすでに日本人たち自身の手で行なわれてもいることだし——とは縁を切り云々」と書き、冒頭で女がよびおこすヒロシマの「事実」の映像については、「すでに知らぬものもない恐怖のシーンの公式的な羅列」ともいっている。つまり「何も見ていない」という言葉をそのへんにまで意図的にひっかけてあると見ても、あながちこじつけとはいいきれまい。

そこで当然、それではヒロシマを「見る」ということはどういうことなのかということが問題となってくる。そして、レネとデュラスはこの作品全体で、主題のうえからも表現のうえからも、まさにそのことの意味を追求しているのである。

たとえば冒頭のシーンにしてもそうである。そもそもここでは、そのようにして否定された「事実」の映像が、「否定すること」それ自体とモンタージュされることにより、否定の否定としての鮮やかなイメージを生みだしている。つまり男女の会話や抱き合った裸の肉体との間にはげしい衝突をひきおこし、それがたんに「事実」として示していたイメージをこえるのである。異質なものを逆説的に結合させるシュールレアリスムのデペイズマンの方法が、ここでは新しいドキュメンタリーの方法としてとらえかえされている。『レットル・フランセーズ』七七三号の「アラン・レネはこう語る」という記事によれば、レネはこの問題について、「ともあれ、これは弁証法的であろうとする映画であり、そこには矛盾がつねにある。かくて、冒頭のモンタージュでは、一方に恋人たちの肌、つまり歓喜と快楽があり、他方にヒロシマの原爆のイデー、つまり火傷と苦痛があって、お互いに対立し合うのだ」と語っている。まさにこの映画は、ディテールから全体の構成にいたるまでが徹底して弁証法的であり、つねに対立したものを止揚してゆくプロセスとして、そのドラマトルギーが作られているのである。

したがって冒頭の対立は、バー「どーむ」のシーンにむけて止揚されることになる。つまり、女はヒロシマとヒロシマでの恋をきっかけとして、ヌベールとヌベールでの恋の記憶をよみがえらせてゆくのである。しかしそれはかならずしも直線的には行なわれない。たとえば朝のシーンで、女はベッドにねている男の手から、射ち殺された恋人の手を連想する。しかしわずか二、三秒くらいのそのフラッシュ・ショットは、彼女の記憶のなかに十四年間秘められていた彼女の戦争体験が、いわば反射的、瞬間的によみがえったものにほかならない。それからロケーションの場面で、死んだ友だちの写真を胸に下げた少年たち、折鶴を手にもった少女たちを見て、ふと彼女が苦痛の表情を浮かべて下をうつむくところがある。そのとき彼女をおそったものも、やはりたんなる連想的刺激によって記憶の印象がごく感覚的に回復してきたものというべきである。つぎに彼女は男の家にやってきて、男にきかれるままヌベールのことを話しだす。しかしここでもまた、それはヌベールとヌベールでの恋人の、いくぶんノスタルジーをふくんだような、一種追憶にも似た体験の即自的な反復に終わっている。つまりそのことの意味をいわば対自的につきとめてゆく追体験にはなっていないのである。ところがそのシーンの最後になると、女はふとそんな話をしている自分を妙に意識する。そして「なぜ彼のことばかり話すのかしら」とつぶやき、「偶然じゃないわ、なぜだかはっきりさせてくれなくちゃいや」と男にききだすのである。彼女の戦争体験が対自化されはじめるのは、まさにその瞬間からにほかならない。

このようないくつかの積み重ねが前提となり、それはついに「どーむ」のシーンに結晶するのである。ここでも女はヌベールのことを語り、やはりヌベールでの体験が具体的な映像となってそこに入りこんでくる。しかしここで見落してならないことは、いわゆるクロノロジー（年代記的な時間の配列）が完全に否定されているということである。つまり日常的な秩序をもった時間と空間はいったんバラバラに解体され、それが体験の意味をまさぐり、明確な意識を構成してゆくプロセスとしての時間・空間にモンタージュされているということである。

たとえば、男の家で女がヌベールを回想するときは、そこに挿入されてくるヌベールの映像は、あくまでも現在から過去にむかう「回想」としてのそれであった。したがって、ヌベールのショットからベッドの男女のショットに「もどる」ときは、そのつなぎはかならず全部オーバーラップでつながれていたのである。しかし「どーむ」の場合はそうでない。そこでは、「どーむ」のその場面のショットも、ヌベールのショットも、まるでその区別がないかのように、全部カットつなぎでつながれている。しかもサウンドにしても、ヒロシマの方のさまざまな音、たとえばかすかに聞こえる流行歌や街のノイズ、川辺から聞こえるカエルの声、あるいは「どーむ」のなかでかけられるレコードの音楽などが、そのままヌベールのショットにまでかぶせられている。そしてヌベールのショットそのものに附随した音は、寝室で女が突然たちあがり、なにやら叫びながら窓をたたく音がかすかにはいるのと、夜の彼女の家を正面から見据えたショットに、鋭い彼女の絶叫がはいるのと、私の気がつくところではまずその程度にすぎない。要するに、ここでは現在から過去にのめりこむ「回想」の形ではなく、過去が現在のなかに容赦なく闖入してきて、意識のうえでは過去は「現在化」されているのである。

この意識の時間・空間は、たしかに非論理的であり、その意味で「錯乱」である。事実ヌベールやヌベールの恋人は、「いま・ここ」でのヒロシマやヒロシマでの恋人と同じたしかさで重なり合い、それはしばしばまったく混同されることにもなってくる。女は眼前の男とヌベールで死んだ恋人とを同一化しているかのように、ヌベールの「彼」を、「どーむ」の男を前にして「あなた」と呼ぶのである。つまり三人称が二人称化されており、過去の体験をまさに「いま・ここ」で生きているのである。

こうして女はヒロシマとヒロシマでの恋の記憶をよみがえらせてゆく。そこには彼女が忘れようとして忘れることができずにいた彼女の決定的な戦争体験、つまり彼女の初恋の男の死、しかもごく一般的なそれではなく、きわめて反祖国的で破廉恥なものとして糾弾されたそれがあるのである。そしてその体験をヒロシマの「いま・ここ」でふたたび生きることにより、その体験の直接性をより対自的なものにしてゆくのである。むろんそのことは、それがヒロシマの「いま・ここ」との関連で可能となってゆくのであり、その意味で、それは同時に「彼女にとってのヒロシマの意味」を変質させることにもなるのである。つまりヌベールはヒロシマという鏡によってその意味をとらえかえされ、そのようにしてとらえかえされたヌベールを鏡として、ヒロシマもまたその意味をとらえかえされてゆく。そのような弁証法を通して、ここにはじめて、ヒロシマのなかにヌベールを見、ヌベールのなかにヒロシマを見る意識が生まれてくるのである。これは明らかに、冒頭のシーンで彼女が「ヒロシマを見た」といった、その意識のレベルとは質的にちがったものとなっている。一言にしていえば、彼女は自分自身の戦争体験をかいくぐって、その「内側」にヒロシマの「意味」を見いだしてゆくのである。

しかし、「どーむ」のシーンで行なわれる彼女自身の追体験は、けっして理路整然と行なわれるのではなく、むしろ「錯乱」として、あるいは「狂気」として行なわれるのである。そしてそのことにもまた深い意味がある。そもそもデュラスの作品は、小説であれ、戯曲であれ、シナリオであれ、人間の日常的な解体を、「錯乱」や「狂気」のなくなった「生きながらの死」としてとらえる、一貫したとらえ方がある。ある日彼または彼女は、そこにおのれの「不在」を意識し、その「空洞」を必死に埋めようとする。その「錯乱」と「狂気」のなかに、人間が「人間的に」なろうとするある決定的な燃焼を見ようとするのである。

『二十四時間の情事』の女もまた、かつて真に恋をしたときに「錯乱」し「狂気」した。冒頭のつぎにくる公園のシーンで、彼女が「ヌベールでは気が狂っていたの」というのはその意味である。しかし、そのときの傷を、彼女は十四年間ただひたすら即自的な状態にとどめたまま「忘却」しようとしてきた。しかし彼女にとって「忘却」とは何を意味していたのか。はたしてそれは真に「忘却」といえるのか。デュラスはそう問うのである。冒頭のシーンで、男が「君は忘却など知るものか」というのはその意味である。そのとき、画面にはみやげもの屋の店頭が映される。それは「記念」のイメージである。「忘却」と「記憶」のモチーフがすでにそこにうちだされている。

その意味で、この映画は「見る」ということは何かを問うドラマであると同時に、それと深い関係において「忘却」とは何かを問うドラマでもある。真に「見る」ということと真に「忘れる」ということが、ヒロシマという街で可能になるのは偶然ではない。しかもそれが「錯乱」と「狂気」を通して可能になるのは偶然ではないのである。

デュラスのシノプシスのなかに「生きてゆくためには忘れなくてはならない。ヒロシマを、原爆死を、あの恋も、この恋も」というところがある。女もまた作品のなかで同じようなセリフをいう。もっとも癒しがたい傷であるがゆえに、生きるためには忘れなくてはならない。しかし真に忘却が可能になるのは、その絶望の体験を見きわめることによってである。デュラスはそういっているように思われる。したがって、デュラスにとっては、ヒロシマとは何よりも忘却の街なのである。幾歳月をあらわす大田川の潮の満ちひきがあり、それをはさんで原爆の惨劇は、博物館のなかに客体化され、モニュマンに刻みこまれて、日常性をとりもどした「生きる街」に転化する。したがって真に記憶を客体化しうる場合にのみ、真に忘却は可能となるのである。しかしその場合の「日常性」ということもまた問題とならざるをえない。それが、みやげもの屋の記念品としての記憶につながり、お祭り化した平和行事としての記憶につながる日常性であるかぎり、それは真の「忘却」を意味しないからである。ここでレネとデュラスの主題の構図はより明確となってくる。それは、「見る」ことの真の意味を、「記憶」と「忘却」の主体的な葛藤のなかに見きわめようとすることである。むろんそのためには、対象とおのれとの間の日常的な関係をつきくずさなければならない。そして、その日常的な意識をこわすということこそ、まさに「錯乱」であり「狂気」なのである。

❖二十四時間の情事

ところでこの映画のなかに、大田川とロワール河がくりかえしでてくることには、それと関連してそれなりの意味がある。なぜなら、そこには「記憶」と「忘却」を意味する「時間」が象徴されているからである。「どーむ」のシーンにはいる前に、も、五ショット夜の大田川がでてくる。そこでは、老人だの、母親や子どもだのが、原爆の日から十四年間の時間を反芻しているかのように、ただひたすらじっとたたずんでいる。そしてつづく「どーむ」のシーンが、その川に面した窓辺で行なわれるのも偶然ではありえない。女が過去の決定的な「記憶」を「錯乱」のうちによみがえらせるとき、彼女はつねに「忘却」の川の、きらきらした水面の反映のなかにいるのである。そしてもっとも鮮明にその記憶を生きたとき、女は「私はあなたを忘れはじめたわ」といい、また「そのうちに何もかも忘れてしまうのね」ともいうのである。この「錯乱」と「忘却」がもたらすものは、くり返すまでもなく、彼女とヒロシマ、および彼女とヒロシマの男との関係の「変質」である。

こうして、ラストシーンにいたるまでには、その「錯乱」の体験を、今度はいくどもいくども意識的に反芻し、その意味をつきとめてゆくということが残るだけである。「どーむ」から帰ってきた彼女が、ホテルの自室で、鏡のなかの自分を見つめながら、ヌベールでの恋人にむかっていうモノローグは、したがって、重要な意味をもっている。「そうでしょ、私たちのことは、つい話してしまえる話だったのよ」という言葉は、そのあと女が広島の駅で、「三文の値うちもない話、私はおまえを忘却にまかせる」という言葉と対応し、「話すこと」「対自化」「忘却」の論理を具体化してゆくものだからである。そして、そのことを通して、それは「一つのシャンソンになってしまう」(女のセリフ)のであり、その意味において「ヒロシマ」という「記念碑」そのものの意味につながってゆくのである。

夜のヒロシマの街を女がさまようとき、そのヒロシマの街の移動ショットのなかに、ヌベールの街の移動ショットが交錯する。それは女のモノローグと対応し合って、女の意識のなかにヒロシマとヌベールが一体化してゆくイメージである。そしてその映像の交錯は、最初の部分で、男の手からヌベールの恋人を瞬間的に連想するあの反射的な交錯ともちがえば、「どーむ」に見られた例の「錯乱」的な交錯ともちがうものである。それは、レネがかつて『夜と霧』や『世界の全ての記憶』のなかで執拗に試みたあのながいながい移動撮影と同じく、記憶と現在を反芻的に滲透させ合う「意識の流れ」のイメージなのである。そして、それはヌベールの家々にゆっくりと前進移動をするショットに、はっきりと、「広島、広島」と駅のアナウンスの声が交錯するようなイメージに収斂してゆくのである。

しかし「客観的な時間」は、しょせんこの新しい恋をゆきずりの恋に終わらせる。別れられないけれど別れなければならないというその最後の悲劇が、本質的な意味で彼女の初恋の破綻の悲劇とふたたび対応するのである。その意味では、男が「君はヌベールで死んでいればよかったんだ」といい、女が「そうよ、でもヌベールでは死ねなかったんだわ」というとき、それは同じくデュラスが『雨のしのび逢い』(モデラート・カンタービレ)のなかで、ショーバンに「あなたなんか死んでしまえばいいんだ」といわせ、アンヌに死の擬態を演じさせたこととも、正確に対応し合っていることはいうまでもあるまい。

したがって、このラストシーンの構図は、そのまま、まったくファーストシーンの構図とは、逆の関係にある。それは女が男を「忘れてしまうわ」と、その直接的な関係を拒絶しながら、同時に人間体験のもっとも奥深い部分で二人がひとつに結びついていることを確認し合っている構図だからである。むろん最後に女が男を「ヒロシマ」と呼び、男が女を「ヌベール」と呼ぶのは、そのゆきずりの恋のはかなさを物語ると同時に、その結びつきの深さを物語るものにほかならない。その意味では、すくなくとも女にとっては、この二十四時間は情事のそれではなく、十四年間もちつづけてきた戦争体験の直接性を対自的なものにして、その個人的な特殊な体験を、普遍的な体験と結びつけ、そこに共通の意味を見いだしてゆく二十四時間だったのである。

ただもうひとつ、非常に大事なことが残っている。それは、この作品のラスト・ショットが、なぜ男の方で終わっているかという問題がある。普通なら、あくまでも女の意識を追求してきたドラマであるだけに、女の方で終わるのが常識だからである。しかもこのショットはとくに照明もやや変わり、すこし仰角でとらえられた男の表情は、まるで能面のように非個性化されている。いわば男がひときわ抽象性を帯びた存在として感じられるのである。それは疑いもなく、男をヒロシマそのものとして表象しようとした映像である。そのことは男が女の方、つまりスクリーンの方にむかって、「きみの名はヌベールだ。フ、ランスのヌベールだ」と、わざわざ「フランスの」という言葉をくわえてくり返すことも無関係ではない。要するにヒロシマそのものが、観客の方、つまり直接には女およびレネと同位置に立つフランス人の方にむかって、「お前はフランスのヌベールだ」といって、ほとんどつき離すようにして終わるわけである。それはフランス人から見ると、この作品のテーマともからんで、実にのっぴきならないイメージとして突き刺さってくるにちがいない。私たちには、妙に気になりながらも充分つかみにくいイメージだが、この作品のラスト・ショットとしては決定的な意味をもつものである。

　レネとデュラスは、この作品全体で「見る」ということがどういうことなのかを実にみごとに表現しているといえる。要するにそれは対象を「主体化」するということであり、「ヴォワール（見る）」は、ランボーのいう「ヴォワイアン（見者）」となることによって、その真の意味を獲得するということにほかならない。レネとデュラスは、それを作品そのものの主題と表現のうちに追求してみせただけでなく、作品を「作り」、そして「見る」ということそのものの意味としても追求して見せたのである。

4

日常性と凝視

このところ、映画やテレビには戦争をあつかったドラマが増えている。しかし、おびただしいそれらの作品群のなかに、「ああ、これが戦争だ」と、思わずギクリとさせられるようなものがないのは、なぜだろう。直接戦争を描いたものであれ、間接的なものであれ、どだい戦争というものにたいする切りこみかたに、まるで発見がない。それこそ戦争——親子・夫婦・恋人などを引き裂くもの、あるいは戦争——人間を野獣に変えてしまうもの、といったぐあいの、ごく常識的な図式にもたれかかったものが大部分なのである。

たとえば最近話題となった佐藤純弥の『陸軍残虐物語』にしてもその例外ではない。なるほど、内務班の非人間的な人間関係のなかに戦争の縮図を描きだそうと、佐藤は熱っぽい演出で、そのかぎりの主題にはよくくいさがっている。しかし現在とのかかわりにおいて、戦争というものをこのようにイメージしてゆくということの意味がどうもよく私にはわからない。すくなくとも山本薩夫の『真空地帯』からすでに十年を経た今日、その十年の歴史を生きてきたということが、戦争のとらえかたのなかにすこしも感じられないということが不満なのである。もっとも斎藤龍鳳《りゅうほう》のように、この映画の図式性も「この作品に関するかぎりアクチュアルなことだと、ボクは信じました。なぜなら、狙った相手が世界に冠たる日本帝国の陸軍だったからです」「よくぞ十八年、うらみを忘れず映画にしてくれました。よくぞ陰湿な内務班を再現してくれました」（『映画芸術』九月号）とベタホメにする批評家もいないではない。むろん斎藤がそう「信じる」のは勝手だが、信仰告白と批評の区別ぐらいはしてほしいものである。たとえ相手が世界に冠たる日本帝国の陸軍であれ何であれ、その「うらみを忘れず」、これを迫真的に「再現」したからといって、それがそのまま「アクチュアル」だなどとなぜいえるのだろう。むしろこういう素朴な批評がでてくることとも関連して、私はやはりこの「再現」ということに、まずなによりも大きな疑問を抱かないわけにはゆかないのである。

「再現されたもの（標本）は真に迫ってたわ。映画も真に迫ってたわ。単純なものね、そのまぼろしがまるで本ものそっくりなものだから、見物にきた人たちは泣いているのよ」

これはアラン・レネの『二十四時間の情事』の冒頭のシーンにでてくる女のセリフの一節である。例の「見た」「見ない」のやりとりのなかで、このセリフもまた否定されるわけだが、このセリフをしゃべる女の位置と、斎藤龍鳳の批評の位置とが、ほとんど同じところにあることに注目してもらいたい。むろんレネは、「事実」の迫真的な「再現」のなかなどにヒロシマは「存在しない」といっているのであり、そのレベルでなにかを「見た」というのは、結局「何も見ていない」にひとしいといっているのである。『陸軍残虐物語』についていわれなければならないことも、そのことである。いくら残虐の「事実」をつみ重ねてみたところで、その「累積」から戦争の残虐さが「見え」てくることは、まずありえない。

このことは、残虐ということをどういう次元でイメージするかということにも関係がある。ここのところ映画界はもっぱら残酷ブームだが、残酷というとすぐ肉体的にくわえられる残酷さとして発想するものが、そのほとんどである。しかし、残酷さということを「生理的な刺激」の次元でとらえようとするかぎり、残酷のもつ思想的な意味など、絶対にとらえられないとだけはいいきれるだろう。

たとえばマルグリット・デュラス脚本、アンリ・コルピ監督による『かくも長き不在』という作品がある。これは六一年度のカンヌ映画祭でグラン・プリをとった作品で、今のところ日本ではまだ見れないが、デュラスの脚本を読んだかぎり、戦争とか残酷とかのとらえかたを問題にするうえでも、なかなか鋭いイメージをもっているように思われる。

セーヌの河岸にあるピュトーという小さな田舎町に、ある日一人の浮浪者が現われる。カフェーのマダム、テレーズは、その浮浪者を一目見て愕然とする。その男はまぎれもなく、一九四四年の六月にゲシュタポに捕えられ、国外に連れ去られてそのまま消息を絶っていた彼女の夫、アルベール・ラングロワにそっくりだったからである。テレーズは浮浪者に近づいてゆく。しかし浮浪者は過去の記憶をいっさい失っており、はたしてそれがアルベールかどうかわからない。それでもテレーズはなおそのことを信じ、いろいろと工夫をこらして彼の記憶を呼びもどそうとする。あるときテレーズは男を夕食に招き、アルベールが好きだったメーヌの固いチーズを食べさせたり、彼の愛していたレコードをかけてダンスをしたりするが、男はやはり自分の過去をどうしても思いだすことができない。テレーズはいたたまれないように、「あなたは昔愛していた女の人が一人いたのを思いだせない？　昔パリからすこし離れたところで婚約したのを覚えてないの？　テレーズ・ラングロワという女の人と結婚したのを覚えてないの？」とたたみかけるように問いかける。しかし浮浪者はただ寂しそうにテレーズの顔を眺めるだけである。浮浪者はゆっくりした足どりでテレーズの店を去ってゆく。そしてその後姿が夜の闇のなかに吸いこまれようとするとき、テレーズは意をけっしたようにして、「アルベール、アルベール！　アルベール・ラングロワ！」と叫ぶのである。カフェーの入口近くでこの光景をうかがっていた近所の人たちも、声を揃えて「アルベール・ラングロワ！」と大声で呼びかける。

❖かくも長き不在

するとそのとき、浮浪者は突然歩くのをやめ、その叫びが夜の建物にはねかえって響くなかで、まるでドイツ兵の銃刑を待つフランスのパルチザンのように、ゆっくりとその両手を上にあげるのである。

この一瞬のもたらすイメージは残酷である。しかし、その残酷さはけっして「生理的刺激」の次元のそれではない。記憶を失い、自分の名前すら思いだすことのできなかった男が、この一瞬、無意識にとった行為の「意味するもの」が残酷なのである。それこそ『かくも長き不在』そのものの意味であり、その不在をネガ像として浮かびあがるポジの像、すなわち一人の男の内側を奥深く生きつづけてきた「戦争」にほかならない。

賢明な読者は、ここまできて、おそらく合作オムニバス映画『二十歳の恋』のポーランド篇、アンジェイ・ワイダの『ワルシャワ』を思いだすことだろう。たしかにズビシェックが戦争の記憶を甦えらす瞬間のイメージは『かくも長き不在』のそれと共通したものをもっている。ズビシェックは目かくしをされて鬼ごっこをしている最中に、突然二十年前のドイツ軍占領下で、同じく目かくしをされて銃殺されかかったときの恐怖の記憶に襲われる。彼はうめきをあげ、そして気を失う。そのとき、私たちは、ズビシェックという男が、なんとなく話もへた、ダンスもへたで、しかも中年になるまで結婚もせず、やることなすこと、どことなく暗い影をひきずっていることの「意味」を、その亀裂の奥にまざまざと「見る」のである。そしてズビシェックもまた「かくも長き不在」を生きていたことを知って、「ああこれが戦争だ」と、思わず胸を突かれる思いをしないわけにはゆかないのである。

しかし、ワイダの描こうとしたものはそれにとどまらない。ワイダはそのような青春を体験し、そのような鬱屈したものを抱えて生きなければならなかったズビシェックの世代と、すでに戦争の体験もなく、文字通りのびのびと平和に育ってきたバーシャたちの世代とを、その一点に深く重ね合わせようと試みる。そしてそこに横たわった深い断絶の意味を、その溝を埋める手がかりをつかみとろうとしてまさぐるのである。

『陸軍残虐物語』と『かくも長き不在』、あるいは『陸軍残虐物語』と『二十歳の恋』の『ワルシャワ』篇との間には、戦争のとらえかたという点で、程度のちがいではなく、質のちがいがある。むろんそのちがいは、片方が戦争を直接に描き他方が間接に描いているということのちがいとは思えない。それはワイダの『地下水道』が直接戦争を描いていても『陸軍残虐物語』との間には依然として同じちがいがあり、『地下水道』と『ワルシャワ』にはあくまでも共通したもののとらえかたが貫かれていることからも明らかである。要するに問題はなにも戦争ということにかぎらず、現実のとらえかた一般にまで敷衍していえることであり、結局のところリアリズムの根本問題にまでかかわってくるちがいにほかならない。

ではそのちがいとは何なのか。現実意識と芸術意識の対応においてそれはどうちがい、主題のまさぐりかたと創作方法との対応においてどうちがうのか。私はその問題を明らかにするうえで、やや歴史的な考察をする必要があると思われる。

まず歴史をインターナショナルな視野で見るならば、戦後映画のリアリズムは、いわゆるイタリアン・リアリズムによって始まっている。むろんこのことは常識である。しかし、イタリアン・リアリズムが、それまでのリアリズムとちがって、ことさら「ネオ」・リアリズムと名づけられる根本的な理由はどこにあったのだろう。あるものはそれを「状況」が主人公になったことだといい、他のものは表現の本質に「中心のない構図」が認められることだという。もっとも「中心のない構図」は、一人の主人公をではなく、群衆・階級・社会など、対象全体を見ようとするところから生まれたものだと説明されており、その意味では「状況」が主人公になったという意見と、基本的には同じ見かたに立っている。そしてこれらの説が、イタリアン・リアリズムの本質をいい当てていることには、むろん疑問の余地はない。

しかし、それにもかかわらず、私にはこれらの規定からは、イタリアン・リアリズムのもっとも大切なもうひとつの面が見落されてしまうように思われる。それは、対象と主体の関係が「目撃する視線」によって結ばれており、「凝視すること」そのものが映像化され、「凝視すること」そのものがドラマをつくりあげているということである。

たとえばイタリアン・リアリズムのもっとも典型的な作品、ロベルト・ロッセリーニの『戦火のかなた』を見てみるといい。この作品は相互に関係のない六つのエピソードから成り立っており、いわゆる一貫した「物語り性」というものは、きれいさっぱりとなくなっている。しかし、そのことはそのまま一貫したドラマ性がなくなってしまったことを、むろん意味しない。そこには既成のドラマとはまったく異なるドラマ、つまり対象と主体の「出会いのドラマ」、「目撃」し「証言」することそのものがつくりだす「凝視のドラマ」があり、「凝視——かかわり」のプロセスがつくりだす、一貫した「もう一つのドラマトルギー」があるのである。

イタリアン・リアリズムの作品には、どこを切りとっても、つねに「カメラの位置」を感じさせるという特徴がある。たとえば『戦火のかなた』の最後のエピソードの、巡羅船の船べりに一列に並べられたパルチザンたちが、つぎつぎとおもりをつけたままポオ河のなかにつき落されてゆくショットなどはそのよい例だろう。それはひきっぱなしの長いショットであり、たまたまその場に居合わせたニュース・カメラマンが、とっさにアイモで撮影したのではないかと思われるようなとり方がされている。つまり意識的に「目撃する視線」がつくられており、「凝視すること」そのものが映像化されているのである。

ところで、映像が「凝視するカメラ」を意識させるということは、いいかえれば、映像そのものによって対象が主体化され、したがってまた映像そのものによって主体が客体化されているということにほかならない。そのことは、対象にたいする主体の意識が確立しているということを意味している。むろんその背景には、対象と主体の予定調和的な関係が崩れ去った状況があるわけだが、それを強烈に意識する作家主体の存在が、この「凝視する映像」をつくりだしていることに注目する必要がある。

なぜこのようなことを強調するかというと、日本映画のリアリズムには、伝統的にこの「凝視」の精神が稀薄だからである。いいかえればおのれを客体化する厳しさに欠けており、主体は容易に対象のドラマそのものに埋没する傾向がある。日本映画のリアリズムが、なかなか感情移入のドラマと素材主義から抜け切れないのは、結局のところ主体意識の確立が不充分だからにほかならない。つまり、ものを見るみかたが、つねに外界にたいして受身なのである。

大島渚は「戦後日本映画の状況と主体」のなかで、日本映画の本流はつねに民衆の被害者意識に訴える作品だったといっている。そして彼自身も例をあげているように、たしかに今井正の『また逢う日まで』にせよ、あるいは木下恵介の『二十四の瞳』にせよ、戦後第一期の代表作はおしなべて被害者意識を濃厚に感じさせるメロドラマとして成り立っていた。大島はそれについて、「戦争とか封建性とか貧困のように明確に自らに対する加害者であると意識する対象を持たず、独占的な社会体制の再編成が進行するなかで、漠然と不満を感じ、しかしその不満を非常に日常的な次元で解消しようとし、しかもそのための行動力、能動性を持っている……疑似主体意識をもった層が登場した」という。それは『太陽の季節』の石原慎太郎で代表され、映画では個人の欲望と行動を描くことを主張し、『くちづけ』『青空娘』『暖流』などをひっさげて登場した増村保造で代表される。しかし、それらは「疑似主体意識」の全面礼賛とその日常化によってその傾向性を失い、結局はゆきづまらざるをえなかった。したがってわれわれの課題は、その「疑似性」を克服して、真の主体意識を呼びさますことにむけられねばならない。大島の意見は大ざっぱにいうとそのようなことに要約される。

しかし、被害者意識と疑似主体意識なるものは意識構造のうえで関係があるのかないのか、疑似主体意識の疑似性の克服とは、対象・主体・表現という基本的な関係において、何をどう変えることを意味するのか、そのへんのところが大島の分析では依然あいまいである。

たとえば『二十歳の恋』のなかの、石原慎太郎監督による『東京』篇などはどうだろう。あの青年工員が少女を刺し殺すというドラマは、はたして何を意味するのだろうか。おそらく石原は、「刺し殺す」という行為によってしか、外界にたいする能動的なかかわりをもちえない、そのような青春を日本の青春としてたたきつけたかったのにちがいない。しかし、一見きわめてドライに対象をつっぱなしているようにみえながら、むしろこのドラマの骨格にあるものはひどく心情的である。なぜならその加虐の意識はメロ的な被害者意識の裏返しでしかなく、その意味でやはりメロでしかないからである。いいかえるなら、ここでは対象と主体の関係は相互に直接照応し合うものとしてとらえられており、主人公の「刺し殺す」という行為の、しかもそのごく日常的な意味に、作家の内的心情をおよそ無媒介的に結びつけ、それをいわば表現にすりかえているからである。むろんそれは主体の客体化とはいえず、したがってまた、確立した主体意識をそこに認めることもできない。

こうみてくると、石原の『東京』はより主観主義的・疑似主体的であり、佐藤の『陸軍残虐物語』はより客観主義的・没主体的であるという対照的なちがいがあるとはいえ、両方とも映像表現を対象の主体化——主体の客体化の統一としてとらえる意識が、ともに未成熟であるということでは一致しているように思われる。

もっとも、それはなにもこの二つの作品にかぎらず、日本の戦後映画に多かれ少なかれ共通していえることなのである。『また逢う日まで』から『二十四の瞳』につながる系列の作品もそうであり、イタリアン・リアリズムの影響を意識的に受けたといわれる、いわゆる左翼独立プロ系のリアリズム作品についてもそうである。そこにはイタリアン・リアリズムがもっていたような厳しい「凝視」の精神がなく、「凝視すること」そのものをドラマの形成にかかわらせてゆくだけの、ダイナミックなドラマトルギーがない。

したがって戦後映画のリアリズムを検証するとき、絶えずたちかえって吟味することを迫られるのがイタリアン・リアリズムであり、とりわけその「凝視」にあると考えることには、それなりの理由があるのである。

しかし、凝視するということは、一方で精神や意識の問題であると同時に、他方では方法の問題である。したがって、凝視される対象が質的に変化してゆくならば、対象の変化に応じて、凝視の方法もまたそれなりに修正してゆかなければならないことはいうまでもない。ところが、イタリアン・リアリズムはまさにその点の追求をあいまいにしたために、戦後の状況の変化とともに、いちはやくゆきづまらざるをえなかったといえる。

レジスタンス期から戦争直後にかけて、現実の矛盾は、それこそいたるところで、ささくれだった生傷のようにむきだしになって現象していた。人間の解体はまず何よりも「死」や「貧困」という「眼に見える」外的なものとして日常化しており、内的な解体もまたそれに直結して、「裏切り」「犯罪」「発狂」などという形で顕在化していることが多かった。いいかえるなら、それはまさしくサルトルのいう「限界状況」にほかならなかったのである。そしてそれは万人にとって共通の社会的・歴史的な体験であり、したがってそれらの現象は、そのまま万人にとって強烈な反応をもたらす普遍的な意味をもっていた。

しかし、やがて「復興」と「平和」が訪れ、人びとの生活も相対的に「安定」してきたとき、それと正確に対応して、イタリアン・リアリズムもまた急速に崩壊する運命を、その凝視の方法そのもののうちにもっていたのではなかったか。なぜならその凝視の方法は、凝視することとカメラをむけることとが一対一で対応し合うものであり、しかもどちらかといえば、やはり対象そのもののドラマ性の方に、よりウェイトがかけられていたことも事実だったからである。とすれば、カメラの前から限界状況的な現象が眼に見えなくなっていったとき、そのような凝視の方法と、凝視の精神ないし凝視の意識との間に、どうにもならないズレがでてくることは明らかだったのである。

事実、資本主義の相対的な安定期にあっては、すべてがのっぺりした「日常性」のヴェールで覆われていて、現実の矛盾はそう単純に肉眼でとらえられるようには顕在化していない。したがって「眼に見えるもの」を克明に描写することを本領としてきた従来のリアリズムをもってしては、「眼に見えない」何ものかによって絶えずおびやかされ、「眼に見えない」何ものかによって絶えず疎外されている、そういう大衆社会的な状況の歪みは描けなくなってくる。そこでなお従来の延長線上にリアリズムを志向する映画は、しばしば二つの大きなおとし穴に落ちこむことをくりかえしてきたのである。

そのひとつは、いわゆるドラマチックな素材を、過去のドラマチックであった現実に求めようとする傾向にある。むろん過去に素材を求めること自体に問題があるのではなく、その求めかたに問題があるのである。それは過去に眼をむけるむけかたが、現在の現実との関係で、アクチュアルなものでありえているかどうかという問題である。いいかえるなら、ここで問われなければならないことは、「なぜ」それを描こうとするのか、というただひとつの問いにほかならない。なぜなら、その理由を、現在の現実とのかかわりにおいて、明確な問題意識としてもっていないかぎり、それは結局のところ、リアリズムの課題そのものを放棄することにもなるからである。したがって、たとえ過去の素材ととりくんでいても、そのドラマの主題と表現の追求のなかに、作家がつねに「いま・ここ」の現実と厳しくむき合っているかどうかがチェックされなければならないのである。たとえば『陸軍残虐物語』などには、何よりもそれがない。

第二のおとし穴は、いわゆるドラマチックな素材を「底辺」に求めようとする傾向にある。むろんこの場合もまた、問題はその求めかたの問題にある。たとえば従来のリアリズムが人間の抑圧や疎外を描くというとき、まず眼をむけてきたものは貧困である。しかも貧困を描くといえば、すぐボロボロの服、ささくれだった畳、すすだらけの天井などを映し、「見給え、こんなに貧乏だ!」という表現のしかたをしてきているのである。しかしいわゆる太平ムード的状況が一般化すればするほど、抑圧や疎外もまた、より複雑な内容と形式をともなって内面化し、「貧しさ」のイメージもまた、一概に外的なものではなくなっている。その変化をとらえられず、あくまでも外的な次元で貧困をとらえようとするかぎり、それは「生活は向上している」という体制側の論理と、皮肉にも一致する結果にぶつからざるをえまい。そのようなアプローチの図式を固定させておきながら、むしろその図式にあてはまる対象を見つけだそうとするとき、その方向が底辺にむかうことは当然である。もっとも、底辺の意味を、大衆社会状況の日常と深くかかわらせてとらえる視点があれば別であるが、目下のところそのような作品の例を私はあまり知らない。むろん新藤兼人の『裸の島』もまた同断である。

この二つのおとし穴には共通点がある。それは歴史的、地理的、あるいは経済的、政治的に、遠くはなれたところにむかって、いわば外側から近づいてゆくというアプローチのしかたである。そのかぎりでは対象はけっしておのれの内部の問題としてとらえられることはない。要するにその意味を主体的に問いつめる意識が欠けているわけである。それは表現上の問題としては、「事実」の「再現」とその「累積」の方法として現われてくる。しかしそのような「見かた」が、レネの『二十四時間の情事』によって否定された、冒頭のシーンの女の意識とまったく同じものであることはあらためて指摘するまでもあるまい。そして『二十四時間の情事』は、主題の追求のうえでも表現の追求のうえでも、そのようなとらえかたの限界をのりこえて見せた作品であり、ワイダの諸作品についても同様のことがいえるのである。

しかし、大衆社会状況における日常性そのものと対決する課題は、ただそれだけでは満たされない。日常性そのものは、依然としてのっぺりしたまま、一見とらえどころがなくそこにある。だが、ここではすでにドラマの素材がなくなったなどということではさらさらなく、むしろ現実の矛盾はよりいっそう複雑になって「内面化」しているだけであり、現代人はつねに内面的な解体の不安にさらされている。それこそすこしずつ経済生活が安定してゆき、テレビを買い、電気洗濯機を買い、冷蔵庫を買うことのできる生活になっても、あるいは原始的な肉体労働のきびしさからしだいに解放されるようになっても、一見やりたいことをやり、いいたいことをいい、あらゆる範囲にわたって欲望の翼を思いきりのばせるかのようになっても、ある意味ではそれに比例してどこからともなくやってくるやり切れないほどの孤独感があり、倦怠感があり、いらだちがあり、不安感がある。あるいは生きながら死んでいるにひとしい無気力な生活があり、その底にぽっかりと口を開いた空洞がある。そして疎外された意識は、それを日常性として意識しているにすぎない。それこそ戦争や革命などの激動期とはおよそ対照的な日常性の構造であり、とくに高度資本主義社会における人間疎外の状況である。

とすれば、映画のリアリズムはそのような状況をどうとらえたらよいのだろうか。「眼に見える」ものしか写すことのできないカメラをもって、そのような「眼に見えないもの」を「凝視する」ことがはたしてできるのだろうか。そのようなことが新たなリアリズムの課題として提起されてくる。そしてその問題を掘りさげるために、私たちはさらに「ヌーベル・バーグ以後」の映画に眼をそそぐ必要がある。

ドラマの無いドラマ

かつてサルトルは『一九四七年における作家の状況』のなかで「われわれの立場の独自性をなすものとは、戦争と占領とが、溶解した世界のなかにわれわれを投げこんで相対性そのもののふところで絶対性を再発見することを力ずくでわれわれになさしめた、ということである」と書いた。それは「拷問が日常の事実であった時代」、「〝もし拷問されたら自分はどうするだろう？〟と自問しないですごされるような週はなかった」時代、「しかもただこの問いだけがわれわれ自身と人間的なものとの境界へ必然的にわれわれを運び荷っていたのであり、人間性が否認される無人境と人間性が浮かび上り創造される不毛の砂漠とのあいだに、われわれを動揺させていた」時代にあって、「その時代のなかで自己を選ぶこと」を意味するものであった。いいかえるなら、そこでドラマとは、生と死、人間的なものと非人間的なものとの二者択一を迫られるような状況、あるいは「拷問するものと拷問されるものとが一致する瞬間のやってくる」ような状況のなかで、「人間の条件」を問い、「人間の自由」を問うことにほかならなかったのである。

しかし、一九六三年は一九四四年とは同じではない。また、一九四七年とも同じではない。すくなくとも現在の状況は、「拷問が日常の事実であった時代」のそれとはちがっている。つまり、生きることによって死ぬか、死ぬことによって生きるかの、そのどちらかを「力ずくで」選択させられるような状況ではなくなっている。やや問題を単純化していうなら、いわゆる「太平ムード」の大衆社会的状況こそ、現在の日常にほかならない。そして、この事実のちがいが意味するものは重要である。

たとえば、たえず死の淵に立たされているということは、一面ではたえず生を意識しやすいことでもあり、たえず自由を奪われているということは、一面ではたえず自由を意識しやすいことでもある。いわば engager《アンガジエ》（拘束する）ということが se《ス》（自らを）という主体的な契機を通すことでただちに s'engager《サンガジエ》（参加する）という意味に転化するように、決定的に拘束された限界状況にあっては、選択を強制的に迫られるだけに、一面では疎外からの自己回復の意識、つまり主体的な意識を、それなりにとりもどしやすいという逆説が成り立たないこともない。しかし、大衆社会状況における人間疎外の特徴は、それとくらべてより内的である。それは「力ずくで」行なわれるのではなく、比較的徐々に、しかもしばしば無意識のうちに行なわれてゆく。いいかえるなら、原因と結果の間には多くの媒介的な契機が複雑に介入し、ある現象がどこからやってきて、それが何を意味するのかということがとらえにくくなっている。人はおのれの病いを自覚しにくく、たとえ自覚症状があってもその原因がわからない。その関係の総体が見えにくいのである。そのことは対象意識が確立しにくいことを意味し、したがって主体意識もまた確立しにくいことを意味する。

歴史の激動期には、非人間化の強制と人間的な燃焼との葛藤は、ごく日常的に顕在化していた。しかし「太平ムード」の大衆社会的状況の下では、人間が人間的に燃えることすら稀である。規格化された生活の閉ざされた小さな円環の内部で、人は燃焼する対象をもたず、あるいは無気力・無関心の惰性的生活に埋没し、あるいはフラストレーションを擬制の脱出口にむけて疑似的に燃焼させ、その結果さらに自己疎外を深めるという悪循環にとらえられている。いわば非人間化ということがそのような形で進んでいるのである。しかも疎外された意識はそれを日常性として意識し、けっして自己喪失自己解体としては意識しない。

問題はこの日常性のサイクルをいかに断ち切るかにある。しかし私はなにも素朴な窮乏化理論にもたれかかって、「情勢待ち」をしようなどと思っているのではない。あるいは古典的な意味での限界状況のドラマを、その日常性の壁にぶちかませようと考えているわけでもない。むしろ佐藤純弥の『陸軍残虐物語』や、あるいはロッセリーニの『ロベレ将軍』、ナンニ・ロイの『祖国は誰れのものぞ』などのドラマでは、この日常性の壁はつき崩せまいと思うのであり、それらを見てひとたび映画館をでたときに感ずる一種奇妙な違和感に、もっと正面から鋭く切り込んでゆく必要があると思うまでである。いいかえるなら、このおよそドラマチックでない日常性そのものを、まさにドラマすら疎外された「状況」としてとらえ、そこにあくまでも今日のドラマを見ることのアクチュアルな意味を認めたいのである。

❖雨のしのび逢い

別なところでも引き合いにだしたが、マルグリット・デュラス原作・脚本、ピーター・ブルック監督の『雨のしのび逢い』などは、そのようなドラマの一例である。このドラマの舞台はフランスの西海岸に近いある田舎町で、主人公はアンヌという名の平凡な主婦である。ここにある日ひとつの殺人事件がもちあがる。アンヌが女の絶叫を聞いてかけつけると、一人の男が、死んだ女を気違いのように抱きしめている。男は、愛するがゆえに女を殺したのである。アンヌはこの光景を目撃して以来、なぜかいい知れぬ「不安」を意識する。彼女は自分の「安定」した生活のなかに、そのように激しく燃えるものがまったく欠落していることに気づき、いわば「生きながら死んでいる」自分の空虚さを意識するからである。彼女はおのれの「不在」におののき、その「空洞」を必死になって埋めようとする。しかし彼女はその空洞がどこか

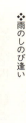

らやってきたのか、その根がいかに深いものであるのか、それはいかにして埋められるのかということを知らない。したがって彼女の自己燃焼は疑似的なものとなる。アンヌはゆきずりの青年ショーバンと虚構の恋をして、破綻する。そして最後にショーバンが去ってゆくとき、彼女は三度「こわい」とつぶやき、突然からだをのけぞりかえらせて、殺された女がそうしたように絶叫するのである。

アンヌの演じた死の擬態の意味するものは痛いたしい。なぜなら、そこには彼女を無意識に「こわい」といわせたあの「生きながらの死」と、その「死んだ生」をみずから死ぬことで、いわば絶対的な生の瞬間を生きようとする彼女の自己燃焼とが、非人間化と自己回復化とのぎりぎりのせめぎ合いとして表現されており、しかもその行為が疑似的で空しく、アンヌ自身みずから演じているドラマの意味を知らないという意味で、まさしく今日的な空洞化状況の根深さを、きわめて鮮やかに浮かびあがらせているからである。ここには明らかにドラマがないということを意識して、そこに真のドラマをまさぐろうとするドラマがある。また、日常性に覆われて眼に見えなくなっている今日的な疎外のイメージを、ヴィジュアルなものに「外化」しようとする試みがある。

このような試みに先鞭をつけたものとして、ヌーベル・バーグの冒険は無視できない。むろん、それは流行現象としてのヌーベル・バーグ一般ではなく、そのなかのごくかぎられた数名、一応レネ、ヴァルダらのいわゆるセーヌ左岸派の仕事を別として、この場合

『カイエ・デュ・シネマ』の周辺に集まっていた右岸派、具体的にはゴダール、トリュフォー、シャブロル、それにつけくわえるとすればマルあたりまでの仕事が投げかけたものである。それは普通よくいわれるように、映像表現の可能性一般を切り開いたことにあるのではなく、まして岡田晋がいうように、「新しい技術の創造を第一とし」「映像のみによって自己を完結させようとし」たことにあるのでもない。それは、彼らが既成のドラマではもはや今日の状況をとらえられなくなっていることを自覚し、現実意識の変革の問題を芸術意識の変革の問題としてとらえ、映像の論理、つまり対象にたいする主体のかかわらせ方の新たなパースペクティヴから、新たな現実のイメージと新たな主題の追求を行なおうとした点にある。

たとえばヌーベル・バーグのもっとも典型的でもっともすぐれた作品、ゴダールの『勝手にしやがれ』には、もはやストーリーらしいストーリーは見当らない。もっと正確にいうならば、ストーリーらしいストーリーという言葉が意味する、そのようなドラマがないのである。ドラマはもはや環境と個人もしくは人間関係の矛盾葛藤としてあるのではなく、あるいはまた因果律によって支配された、起承転結式の劇的脈絡としてあるのでもない。むろん主人公のミシェルが殺される原因には、それ以前に彼が警官を射殺したということがあり、そしてさらにパトリシアの裏切りがある。しかし、このドラマはなにも追跡と逃亡のサスペンス・ドラマでもなければ、事件の成りゆきそのものにその劇的骨格が支えられているわけでもない。ミシェルはまったく日常意識の次元で殺人を犯し、むろんそのことに罪の意識ももたず、したがってまた逃げることに必死にもならない。むしろ自分が殺されることとさえ投げやりである。だから他方、パトリシアの裏切りとの間に劇的緊張をひきおこすこともない。しかしパトリシアの裏切りには、彼女をアメリカ人に設定したというかぎりにおいてそれなりの意味はある。ミシェルが死ぬ間ぎわに「俺は最低だ」とつぶやくのを耳にして、パトリシアは警官に「何をいったのか」と質問をする。すると警官は「お前は最低だ、といったのさ」とパトリシアに答えるが、これなどはフランス人のアメリカ嫌いを、かなり痛烈に表現していて面白い。しかし、だからといって、このドラマの主題はそこにはない。主題は明らかに主人公のミシェルを通して、孤独で絶望的な現代フランスの青年像を描きだすことにあったのであり、その意識の内側を掘り起すことによって、置かれた状況の歪みをそこに浮き彫りにすることにあったのである。

この作品が、いわゆるドラマチックといわれるストーリーをもたない理由はそこにある。なぜなら、これはなによりも意識のドラマであり、のっぺりした日常性のなかでいつとはなく解体してゆく人間内部の危機を記録したドラマだからである。事実、ゴダールは主人公ミシェルのごく日常的な行為を、まるでニュース映画のように記録してゆくだけである。そしてその記録の方法も、いわゆる盗み撮りをはじめ、手持ちカメラによる撮影、オーソドックスな照明法の廃止、荒びた画面、ロケの重視、素人の起用、なめらかなつなぎの無視と飛躍など、いわゆるイタリアン・リアリズムのとった方法が意識的に採用されている。しかし、ヌーベル・バーグ作品のイメージは、イタリアン・リアリズムのそれとは異っている。その根本的な差異は、彼らのモチーフが何よりも日常の疎外感という、「眼に見えない」内面的な崩壊「感覚」を「外化」することにむけられている点にある。

❖勝手にしやがれ

『勝手にしやがれ』を例にとれば、そのようなイメージは、とくにミシェルが警官に射殺されるラストシーンにおいて強烈である。背中にピストルの弾をうちこまれたミシェルが、それでもくわえタバコの煙をくゆらせながらパリの裏小路をよろめくように走ってゆく。普通なら、彼は死から逃れようとして懸命に走るはずである。しかし、ミシェルはそのようには走らない。いや、ゴダールの演出はそうさせないのである。ゴダールはミシェルをまるで自分の死にたいしてすら無関心であるかのように走らせ、そのような行為を虚無的な内部世界の無意識的な外化としてとらえるのである。それだけでなく、ゴダールはミシェルを予告なしに実際の通行人の歩く町に走らせ、通行人の反応を同時にとらえるようなサイズで対象を切りとっている。むろん、それは車の上からかくしカメラで撮影されており、したがって通行人は何が起きたのだろうと、一瞬けげんそうな顔をしてそれを冷やかにふり返る。それがミシェルの生きているその瞬間の生とおよそ異質なコントラストを見せ、その断絶感がミシェルの孤独をいやがうえにもくっきりと浮かびあがらせるのである。しかも、カメラはそのようなミシェルを何とも不安定な画面で追いかけてゆく。その動きは、ちょうどかなめのはずれた扇のように、およそやりきれない解体感を、見るものの内側に強くひきずりだささずにはおかない。それはミシェルに感情移入する画面でもなければ、ただたんに客観視した画面でもなく、ミシェルの内部世界をおのれの内部の同質部分と深くかかわり合わせて、それを「凝視」する映像にほかならない。いいかえるなら、それは対象の主体化と主体の客体化を、映像の形成過程に統一してとらえようとした映像なのである。

むろん私がここで問題にしているのは技術論ではない。ややディテールに立ち入ってこのようなことに触れたのは、いわゆるヌーベル・バーグの提起した問題が、すくなくともその本質的な部分においては明らかに日常性の疎外にこそ迫ろうとしたものであり、その映像の形成の論理には、疑いもなくその可能性が孕まれていることを、多少ながらでも実証的に示したかったからである。しかし多くのエピゴーネンたちは、そこに現象した「新しさ」の意味も考えず、もっぱら末梢的な「技法」の模倣に終始し、あるいはただたんにニヒルな「ムード」を撒きちらすことで、その真の可能性の追求をいちじるしく妨げている。彼らは、映像による現実の新しい発見の問題を、要するに新しい生理的刺激をもたらす映像の発見の問題と混同し、そのような刺激的映像を指して「新鮮な映像」と呼ぶのである。またはなはだしい場合は、ただやたらと動きまわる映像をダイナミックで生きているといい、フィックスの映像をスタティックで死んでいるという。そして映像を機械的に言語と対立させ、その結果セリフを軽視し、さらにモチーフやシナリオをいい加減にしておいても、いわゆる「絵づくり」で面白く見せられるという、そういう恐るべき映像至上主義的な演出家さえ現われる始末である。しかし、映像の模索を主題の模索から切り離すいっさいの映像至上主義者が、やがて主題の衰弱と喪失を招き、したがってたちまちゆきづまらざるをえなくなることは、いわゆる流行としてのヌーベル・バーグが、すでに早くも下火となったことによっても明らかである。むろん、だからといって、そのことからヌーベル・バーグの試みを全面的に否定したり、あるいはドラマの主題性を強調するあまり映像表現の模索そのものの意味まで軽視するとすれば、それはやはり主題の模索を映像の模索から切り離すという意味において、いわば主題至上主義とでもいうべきその裏返しの一面性に陥入ることは、これまたいうまでもなく明らかなことである。映像芸術における主題と映像の関係は、主題の確立がまず先行し、然るのちそれを映像化するという関係にあるのではなく、映像の形成としてしか主題の形成は確立せず、主題の追求は映像の追求とともにそれによってのみ具体的なものになるという関係にある。そしてそのことは、今日の内面化したドラマをいかに外化したドラマに表現するかという課題と無関係ではない。

たとえばアントニオーニの『夜』のなかに、女主人公のリディアが、町や公園や空地をながながと歩きまわるシーンがある。リディアは夫ジョバンニとの間に、何か決定的なきずなが失われそうになっていることをかすかに意識しながら、どこというあてどもなくさまよい歩くのである。途中笑いこけた二人の男とすれちがったり、地面にころがっている古時計をぼんやりと見つめたり、アイスクリームを食べている老婆を通りすがりにふとふり返ったり、あるいは畑でロケットを飛ばしているのを眺めたり、要するにこれといってとくに直接の意味をもたないショットがえんえんとつみ重ねられるのである。おそらくこういうショットを何十ショットとなく撮っていて、スタッフたちの大部分はなぜそのようなショットを撮るのかまるでわからなかったにちがいない。そしてまた、アントニオーニ自身なぜこのショットを撮るのかといわれれば、すくなくとも個々のショットについてその意味を説明することはできなかっただろうと思われる。しかし、それらの映像がつみ重ねられてゆくうちに、私たちはリディアの意識の奥底に、まるであぶりだしでも見るように、虚ろな空洞がぽっかりと浮かびあがってくるのを感じるのである。

このような方法は、もっぱら事件や事柄に直接結びつくような映像しか経験してこなかった既成の映画常識からすれば、まさしく青天の霹靂だったことはいうまでもない。しかし、一見何気ない映像をつみ重ねながら、そこに被写体のもつ直接の意味以上のイメージを浮かびあがらせせようとする試みは、これまでにもある種のドキュメンタリー映画においいては、追求されてきた。そういえばアントニオーニ自身も、一九五〇年まではドキュメンタリー映画の監督だったのである。彼はそのようなドキュメンタリーの方法を、いわば現象学的記述とでもいうべき方法としてとらえかえし、多層的構造をもつ今日的な状況を、その表層から深層へむかってじわじわと下降してゆくのである。

アントニオーニが状況の表層に選ぶ素材は愛である。愛は、人間のコミュニケーションのなかでも、もっとも根源的なものとされている。ところが、今日のディスコミ化状況のなかでは、そのような愛すら、ある日突然、あるいはいつの間にか気づかないうちに、まったくとり返しがつかないまでに解体してしまう。アントニオーニは、そのような愛の亀裂に眼をむけるのである。そして、解体を意識してゆく主人公たちの内的過程を、あくまでも外化された行為と「もの」の記述を通して執拗に追跡し、目的も原因もない彼らの孤独な遍歴の深層に、疎外の根源的な条件としての今日の実存を見出すのである。

したがって、アントニオーニの主人公たちが人一倍強烈に愛を求めながらなぜか相手を愛せなくなるのは、直接の外的な障害によってではなく、むしろ彼ら自身の内的な障害によってである。いいかえれば、愛が内的に成立しえないところまで、彼らの存在は危機的に解体されているのである。『情事』のアンナはサンドロにむかって「あなたを失うなんて考えただけで死んでしまうわ……でも……もう、あなたを身近に感じないのよ」という。この不安定な二律背反の意識こそ、アントニオーニの主人公たちが共通して意識しつづける愛の基調音である。『夜』のリディアは、ジョバンニにたいする愛がさめてゆくのを意識しながら、ふと無意識にとっている行為はその逆だったりもする。テーブルのうえに立てられた彼女の二本の指は、ハンドバッグのまわりを動きながらやがてその飾りに触れ、それからそっとジョバンニのカフス・ボタンの方にのびてゆく。こういうデリケートな意識の揺れ動きのなかに、彼らの心の渇きが深々と見えてくるのである。アントニオーニの主人公たちが一様に情事をくりかえすのは、彼らがそのような渇きを、なんとか癒やそうとするからにほかならない。しかし、むろん彼らはそのことによってけっして癒やされることはなく、むしろよりいっそう自己解体を深め、心の渇きを広げるだけである。『さすらい』のアルドは結局三人の女性を遍歴したのち、やはりどうしようもなくイルマが恋しくなって、ふたたびイルマのいる村にもどってくる。しかし、アルドはもはやイルマとのきずなを永久にとりもどすことができない。『情事』のサンドロも、クラウディアの前でさめざめと泣く。クラウディアはサンドロの頭を抱きかかえるように手を触れるが、それはけっして二人の関係が融和し合ったことを意味しない。『夜』の場合も同じことである。リディアの読みあげた情熱的なラブ・レターを現在のジョバンニは、かつて自分が書いたものだということに気づかない。リディアからそれを知らされると、ジョバンニは急に狂おしくリディアを抱きしめる。リディアは「もう愛してなんかないわ」と逆うが、ジョバンニは、「黙って！　黙るんだ！」と、いっそうはげしく彼女を抱きしめて接吻する。そしてついにリディアも逆らうことをやめるのである。リディアは半ばあきらめたように、ジョバンニはそうすることで二人の間の溝がすこしでも埋まることを祈念しているかのように、あるいはそうでもしなければ二人がそこにいるということに耐えられないかのように、彼らは固く抱き合うのである。そのイメージは、胸がしめつけられるほどに絶望的である。そして明らかに、ここにもまたドラマがないことを意識して、なんとかドラマを模索しようとするドラマがあるのである。

❖夜

もっとも、最近作『太陽はひとりぼっち』にたいしては、私はいささか否定的な見かたをしていないこともない。たとえばヴィットリアは青年相場師ピエロとの間に断絶を意識する。しかし、ここではすでにその断絶に、きわめて低次元の理由が介入する。同じ自動車事故を見るにも、ヴィットリアは死の淵に眼をそそぎ、ピエロはその損害を金に換算するという、いわば物事にたいする関心のもちかたのちがいや性格のちがいといった次元で、二人の距離が説明されてしまうのである。そこにはすでにその断絶を、実存そのものにかかわるところで愛が成立しえなくなっている状況としてとらえようとする視点は、不可避的に影をひそめざるをえない。証券取引所の設定もまた同じことである。むろんその記録的な描写力はすばらしい。しかし、それがドラマの本質にかかわる必然性が稀薄なのである。要するにそれはヴィットリアの求めている世界とのちがいを示し、その違和感から彼女の孤独をきわだたせてゆくという、ごく常套的な道具立てとしての意味しかもちえていない。いいかえれば、それがドラマのなかで果す役割が見えすいているのである。

すくなくともアントニオーニがそれまでの作品のなかでいわゆる断絶とか孤独とかの問題を扱ったとき、それは今日に生きていることに、本質的なものとして扱われている。したがってそれは日常の因果律によっては説明のつかないものであり、原因不明の不条理なものだったのである。アントニオーニの主人公たちが、ことあるごとに「なぜ」と問うのはそのためにほかならない。そしてアントニオーニ自身もまさにその意味を問うているのであり、その意味を問うこと自体が方法となり、意味を問うこと自体がドラマとなっている。

イタリアン・リアリズムは、前にも述べたように「目撃」と「証言」のドラマであることにその本質があった。しかしアントニオーニのドラマは、いわば「意味を問うドラマ」である。そしてその変化の背景には、「顕在化している状況」と「潜在化している状況」のちがいがある。それこそ十八年の歴史の変化がもたらしたちがいであるが、それぞれがその時代のより普遍的な体験であるという点ではちがわない。ただ潜在化した状況は今日の共通体験としてかならずしも意識の上では共有されていない。いいかえるなら、それをおのれの意識の対象に対自化しにくいのである。それは始めにも触れたように、原因（状況の本質）と結果（即自的な経験）の間に多くの複雑な媒介的な契機が介入していて、その関係の総体が見えにくいからである。しかし、それを社会科学的に分析して見せることは、芸術にとってかならずしも中心課題でもなければ、また必要なことでもない。芸術にとって必要なことはその意味を問うことであり、その総体をイメージ化することである。そしてその辺の問題をさらに掘り下げるために、同じことをやや異った角度からアプローチしようとしている映画、たとえばオーソン・ウェルズの『審判』やレネの『去年マリエンバートで』などの、どちらかというとより形而上学的な課題をもった映画を通して、もう一回稿を改めて考えて見る必要がある。

存在の形而上学

私はアントニオーニの作品に「意味を問うドラマ」を見た。彼がただたんに、ごく特定の、それゆえにごく一般的な、いわゆる愛の倦怠とか情事とかを描いたにすぎないのならば、そこには、その意味を問おうとする「なぜ」という問いは生まれまい。むろん彼は、もっと存在の深部から規制されている、より根源的な愛の不能性を措いたのであり、しかも直接の素材となっている愛そのものは、ドラマのより表層の問題にすぎないのである。アントニオーニは、それが「いかに」あるかを、それを「いかに」表現しうるかの問題と絡めて追求しようとしただけではなく、その深層に現代の存在条件を見ようとして「なぜ」を問い、その問いを問うことを、「なぜ」映画をつくるかの問題とも絡めて追求しようとしたのである。そしていっさいのアントニオーニの亜流と、アントニオーニ自身を区別する点はそこにある。

たとえば「私達は渇望像を描いてきた」「私達日本人は、むしろ蔓延したアパシーの状況から出発しなくてはならないような気がする」(『映画芸術』七月号)と書いた蔵原惟繕の場合はどうだろう。蔵原がアントニオーニを意識しているかどうかは私は知らない。しかし彼もまた、比較的有能なライターに属する山田信夫と組みながら、いちはやくこの現代人の心の渇きとでもいうべきものに眼をむけてきた。あまり上出来の作品とはいえないが、『何か面白いことないか』という彼らの作品の題名にも、そのような彼らの意図は、一応顔をのぞかせているように思われる。だからここで私が問題にしたいのは、彼らが現代人の欲求不満なるものを、はたしてどういう次元でとらえているかということである。そういえば彼らのもうすこしましな作品『憎いあンちくしょう』をめぐって、かつて佐々木基一と山田信夫との間にささやかな論争が交されたことがあった。論争といっても、佐々木が『シナリオ』のシナリオ時評（六二年八月号）で、この作品の主題を「マス・コミからの脱出」と受けとったことにたいして、山田がそれはまったくの読みちがいであり、主題はあくまでも「愛の倦怠」にあると抗議し（同誌九月号）、あと一、二の補足がつけくわえられた程度のお粗末なものである。

しかし、その後同誌六三年一月号ですでに指摘しておいたように、そもそものような誤解は、山田や蔵原の「愛の倦怠」のとらえ方そのものからもでていたはずである。山田は「この作品において、マス・コミはドラマの大きな部分を占めている。しかしそれはマス・コミの寵児という主人公設定のためであり、その設定は主題を拡大し、抽出するためのものであっても、決して作品の主題ではない」と書いた。だが私にいわせれば、主題の拡大と抽出のために、マス・コミの寵児を主人公に設定したこと自体が、その錯誤の原因となったのである。愛（人間的なもの）の対立物としてマス・コミによる人間疎外（非人間的なもの）を設定し、愛の解体をその単純函数としてとらえるかぎり、愛の解体とその回復の行為を際立たせるためには、それを幾重にも歪めようとするマス・コミとの関係を、これでもかこれでもかと強調しなければならなかったからである。つまり、その構図を支えているものは「組織と人間」の図式以外の何ものでもなく、このドラマを支配しているものはそのような因果律である。したがって、それ以上に「なぜ」という問いは生まれない。それは結局「生きがい」ドラマの系列を抜けきれず、ついに存在論の視点をもちえないのである。

やや異なるが、羽仁進の『彼女と彼』についてもそういえるだろう。彼はトリュフォーからアントニオーニのラインに傾斜しつつ、やはり日常における空洞化状況に眼をむけようとする。しかし、彼はそれが「いかに」あるかを、「いかに」表現するかというところまではゆきながら、同じくそれ以上「なぜ」という問いの追求にはいたらない。ディテールの「観察」には数々の鋭さを見せながらも、そこに決定的に欠けているものは、形而上学なのである。しかし、存在論のパースペクティヴをもつともたないでは、その批評の射程は、それこそ数段の開きを見せるのではなかろうか。アントニオーニとは似て非なるものが生まれるのは、明らかにその点のちがいがあるからである。事実、映画の現代史は、

「何を」のドラマから「いかに」のドラマを経て、いまや「なぜ」のドラマを作るところまできているのである。いいかえるなら、存在の条件を根源的に問うところからのみ、映画の「現代」は始まるのである。

❖審判

その点、近く封切られるオーソン・ウェルズの『審判』は、まさに現代という存在にたいする強靭なメタフィジックそのもののような作品である。むろんフランツ・カフカの『審判』を映画化したものであり、銀行員ヨーゼフ・Kがある朝突然理由もなく逮捕され、奇怪な裁判にこづきまわされたあげく、最後には犬のようになぶり殺されてしまう（映画ではナイフで刺されるのではなく、爆弾で殺される）という奇想天外な物語である。ここでKは、いきなりまず罰（結果）を強制されることになり、その罪（原因）が何であるのかはわからない。要するに、単純な因果律では何一つ説明のつかない出来事が、つぎからつぎへとつみ重ねられてゆくのである。しかもわからないのは罪だけではなく、原告の正体もわからなければ、裁判所や裁判官の正体もまたわからない。Kは終始、「罪は何か」、「誰が告訴したのか」、「裁こうとしているものは誰か」と思いつつ、結局何もわからないまま殺されるのである。しかしいまさら私が説明するまでもなく、この作品はいま流行の裁判もののドラマでもなければ、また裁判の不正と官僚組織の腐敗を告発したドラマでもない。登場人物の一人グルバック夫人は、「あなたの逮捕には、わたし、何か抽象的なものを感じます」というが、まさしくこの裁判は、いわば形而上学的な裁判なのである。そしてここで問題なのは、この裁判の意味は何であり、何が、何によって、何を根拠に、裁かれるのかということである。

罪のあるところには「掟」がある。その掟を犯すものは、その掟をつくった共同体そのものから疎外される運命にある。Kは殺される直前に、その掟についてある逸話を聞かされる。カフカではそれを牧師が語るのだが、ウェルズはそれを弁護士に語らせ、しかもその逸話を、この作品全体を象徴するものとして、まず冒頭の部分に置いている。「掟の前には、一人の門番がいる。田舎から一人の男がきて、掟の中にはいりたいという。しかし門番は男をはいらせせない。後になれば、はいれる望みがあるだろうか」、弁護士は「掟の門」の幻燈を映しながらこう語りだし、さらにその門番は、門番のなかでもいちばん権力が低く、その先にも扉ごとに門番がいて、奥へ行くほどその権力は大きくなることを説明する。男は待ちに待ち、ついにそのなかに入れてもらえないまま年をとってそこで死ぬ。そして死の直前に、門番は男にむかって、「この扉はお前だけのためにあるのだ。さて、もうこの扉は閉じることにしよう」と告げるのである。こういうプロローグがあったのち、

Kはある朝突然逮捕されるわけであるが、最後に、この逸話をふたたび弁護士はKに聞かせるのである（むろんふたたび聞かされるのはKではなく、観客の私たちである）。
K「そんな話が納得できますか？　真実だというんですか？」
弁護士「あらゆることを真実として受けとる必要はない。必然だと思うのだ」
K「なんとみじめな結論なんだろう。虚偽がすべての原理になるのですか？」
　Kと弁護士のやりとりのこの部分は、このドラマの意味を解くうえでの重要な鍵となっている。「掟」とは、「必然」としての「虚偽」の「原理」にほかならないということが、このやりとりのなかに示されているからである。そしてその「掟」こそ日常的現実の秩序であり、その秩序のなかで生きることのできないものは、「必然」的に異邦人としてその秩序から疎外されるのである。したがってKがそれを「虚偽」として認めず、罪を自覚しないこととそれ自体が罪となるということに反逆するかぎり、Kはカナンの地を前にして、かのモーゼのように死ななければならないのである。
　カフカはあるところで、存在するとはただ「そこに在る」（Da-Sein）ということだけではなく、同時に「そこに属する」（Ihm-gehören）ことをも意味するのだと書いた。そしてそこに属することのできるものとできないものとの間には、どうにも越えることのできない深い溝がある。Kが他の誰かと話をするとき、その会話がまるで通じ合わないのもそのためである。彼は恐ろしいディスコミュニケーションのなかで、ほとんど絶望的な孤独の国に「流刑」されている。コミュニケーションを回復する身近な手がかりとも見える「女」との関係（愛・セックス）によっても、「彼女」という名前で呼ばれる電子計算機の力（科学）によっても、あるいは人権を守る象徴としての弁護士（法・政治）によっても、もっとも純粋に物事を見つめているはずの画家（芸術）によっても、また人間の魂の救済者であるはずの牧師（宗教）によっても、Kは結局のところ救われない。彼らもまた、日常性とその掟のなかで、つまりは裁判所に属して生きているからである。「事実、あらゆるものが裁判所に属しているのです」。そういう画家ティトレリの部屋も、ドアを開けて見るとそのむこう側は裁判所の事務室となっている。教会もまた裁判所のなかの一部にすぎない。いわばこういう迷路のような関係そのものこそこの裁判の本質であり、裁判所とは、異邦人Kの眼に映った、虚偽の体系全体としての「存在」のイメージにほかならないのである。

ウェルズの脚色した『審判』では、Kが弁護士にむかって、「ぼくは訴訟に負けました。でもほかの人はどうでしょう。あなたも負けます。みんな負けます。それでどうなるのです。全宇宙が狂気の判決を受けるのですか」と問いつめるところがある。そしてその問いは、Kが爆弾で殺され、その煙がむくむくとキノコ雲に変わってゆくイメージへとつながってゆく。事実、この現実の倒錯した秩序は、その秩序に反逆するものを抹殺するだけではなく、もはや今日ではその秩序自身をも抹殺しかねない。ある日突然、全宇宙が狂気の判決を受けないともかぎらないのである。それまでの隠喩的世界をやや説明的な直喩の次元に低めてしまうきらいがあるとはいえ、ウェルズがラストシーンをこのように変えた気持は、彼が今日カフカを選んだその内的なモーティヴェーションの問題とも絡めてよくわかるのである。

事実、人はこの太平ムードの日常そのものをふと異常として意識しはじめたとたん、世界はある日突然狂気の判決を受けるのではないかという不安にとりつかれるにちがいない。ヒッチコックはそれを鳥の大群による襲撃としてイメージし（『鳥』）、イオネスコはスープの洪水と地球の解体としてイメージした（『新・七つの大罪』のなかの『怒りの罪』）。たとえばイオネスコの場合、それはごくのどかな日曜日の朝で始まるが、スープに一匹の蠅が投げこまれることによって事態は一変してしまう。夫婦ゲンカが核連鎖のように広がり、猛烈なスープ皿の投げ合いの末、こぼれたスープが部屋部屋から流れだし、やがて街中がスープの海と化してゆく。逃げまどう人びと。燃える家。はげしくもみ合うデモ。踊り狂う若者たち。焔を吹いて上昇するI・C・M。こんなニューズ・リールがモンタージュされたのち、テレビの女アナウンサーがにっこりほほえみながら、「間もなく世界の終わりです」と告げると、キノコ雲がもくもくとたちあがり、地球がパカッと音をたてて砕け散るのである。ヌヴーはかつてイオネスコの芝居を、「最初はごく自然だが、最後は幻想で終る。すべての芝居を通じて我々は笑いに誘われる。しかしその笑いには常に不快さが伴う。なぜなら登場人物は我々にほかならないから」といったが、そのことはこの小品の映画についてもあてはまる。このファルス的なイメージも、やはり現代の存在感覚に根ざしているからである。

しかし私は、たとえば佐藤重臣が「まさに圧観であった」(『記録映画』六月号)と興奮しているほど、この作品をすぐれたものとは思わない。むしろイオネスコのものとしてはひどく通俗なものとさえ思うのである。なぜなら、この作品のイメージは結局直喩的な置き換えを超えるものではなく、メタモルフォーズによって、それまで見えなかった現実の実相をひきずりだすという、そのような発見のきびしさに欠けているからである。いいかえれば、存在の根源的な条件を見きわめようとする「なぜ」というメタフィジカルな問いかけが浅すぎるのである。その意味では同じく佐藤のいうように、私は「イオネスコの一幕物〝新しい下宿人〟がこの〝怒りの罪〟とそっくりのイメージを持っている」(『映画芸術』三月号)とも思わない。『新しい下宿人』の家具の増殖するイメージは、まさに存在の条件そのものをむきだしにしてしまう、他と置き換えのきかない「もの」のイメージであるのにたいして、『怒りの罪』のスープの増殖するイメージは、「もの」それ自身のイメージに存在の隠れた姿をひきずりだす力のない、他と置き換えのきくいささかルーズなイメージではないかと思うからである。

そういえばイオネスコの最近作は、『犀』などもそうだが、そのメタモルフォーズにやや説明的な安直さがあるのではなかろうか。すくなくとも『無給の殺し屋』以前の方が、イメージと批評の関係は、より鋭かったように思われてならない。たとえば『義務の犠牲者』など、主人公シューベールが、探偵に「ウで終るマロウ」という人物について尋ねられ、最初は単純に知っていると思ったはずの自分の記憶が、突込まれて追及されるうちにまったくはっきりしなくなり、記憶の瓦解が人格と主体の解体をもたらし、ひいては存在の虚偽性とその不確かさを抉りだすというドラマだが、そのイメージには、見ているものの存在にたいする日常意識を、その根底から突き崩さずにはおかぬ、ちょっと空恐ろしいまでの批評性が貫かれていた。

芝居の話はさておくとして、『義務の犠牲者』のモチーフと、きわめて似たモチーフをもった映画がここにある。それはロブ゠グリエとアラン・レネのつくった『去年マリエンバートで』という作品である。この映画はまだ見ることができないので、むろん何一つ決定的なことはいえないが、ここではさしあたり Les Édition de Minuit（深夜叢書社）発行のシナリオと、その他いくつかの資料をもとにして、なおあえてこの作品のもつ問題点にふれるべきであろうと思われる。

この作品に登場する主要人物は、Xという男とAという女。それにMという男の三人であり、場所はあるバロック風の宮殿である。筋は複雑といえば複雑、単純といえば単純で、要するにXがAを執拗に口説き、ついにAをその夫らしいMから奪って、最後に二人で宮殿を去ってゆくという、ただそれだけのことにほかならない。しかし、むろん問題はそう単純ではないだろう。まずXの口説き方が問題となる。XはAにたいして、「私は去年貴女に会って、愛し合った」ということを、それこそくりかえしくりかえし語りつづけるのである。最初Aはそれにたいして「そんなことはない」と否定する。それはちょっと『二十四時間の情事』の、例の「見た」「見ない」のやりとりに似ていないこともない。

X「すると僕がすっかり変わってしまったのでしょうか。それとも、貴女はぼくが分らないふりをしてるのですか」

(中略)

A「何度も申しあげますけど、そんなことありえませんわ。あたくし、フレデリックスバードへなんか行ったことありません」

X「いや、別のところだったかもしれない。カルルシュタットか、マリエンバートか、バーデンザルザだったかもしれない。いや、ここだったかもしれません、ここの広間かも。この銅像をみせてあげようとして、僕は貴女をここまで連れてきてあげたんじゃなかったですか」

こういうやりとりが無限につづき、Aがしだいに「錯乱」しはじめると、Xは、貴女がその事実を認めるのを怖れるのは、多分「Mのことを懸念しているためだ」とくりかえす。そしてAはしだいに自分の記憶に自信を失うのである。

A「いいえ、いいえ。あたくし、その後のことなんて知らないわ。あたくし、貴方のことなんか知りません。そんな部屋なんか知らない。そんな滑稽なベッドだとか、鏡のついた煖炉なんて、あたくし知りません」

❖去年マリエンバートで

X「(彼女の方を向きながら)どんな鏡ですって。どんな煖炉ですって。貴方は何をおっしゃってるんです」

A「そうよ。あたくしにはもう何も分らないのよ。そんなことみんな嘘なんだわ。もう何も分らないのよ」

むろんもっと複雑なプロセスを経て、AはXとともに、ついにMを残して宮殿を去ってゆく。その間Xのセリフにしたがって、過去(記憶)の場面や未来(予想)の場面が、現在の「いま・ここ」の場面と複雑に交錯し、その時間・空間は、『二十四時間の情事』の「どーむ」のシーンと同じく、はっきり意識の時間・空間として現在化されてくる。つまり、全体のドラマトルギーそのものが、いわゆるクロノロジー(年代記的な時間秩序)を否定しているのである。そしてこの意識の時間・空間は、Xのそれであるように見えながら、Aのそれであり、Aのそれでありながら、それを見る観客のそれともなって、観客はAとともに「錯乱」し、記憶と存在の不確かさを、ある恐怖感をともなって強く思い知らされることをまぬかれない。

存在しているということは、カフカの言葉をかりれば「そこに属する」ことをも意味するものであった。AはMに属し、宮殿の世界に属していたのである。そしてその所属性、いいかえれば現在のおのれの存在を確証するものは、過去の記憶の総体と、その総体のもつ論理にほかならない。しかしその記憶が崩れ去り、それが別の体系と論理をもった記憶に置き換えられるとき、ある存在は存在していないものに変わり、いわば世界の所属性を変えるにいたるのである。つまりAはXに属し変わり、したがって宮殿の世界をも抜けることになる。それは主体の解体と転向のイメージでもあり、また逆に、既成の観念やその抑圧からの解放と、自己自身の本来性の回復のイメージでもある。レネがこの映画をつくるにいたったその前の段階で、ある一組の夫婦の仲が、アルジェリア戦争が原因の意識のめざめによって破れ去るドラマを作ろうと思ったことがある、とあるアンケートにたいして答えているところを見ると、Aの意識の変化とその所属性の選択のドラマには、どこかでこういうイメージをふまえていたのではないかと解釈することもできるわけである。いずれにしても、この作品は作者たち自身が「彫刻を見るように見れる作品」だといっているように、ときには相反する解釈がひきだせるほど、解釈の多義性をもった作品だということができる。その意味では、ロブ＝グリエがいうように、この作品は「内的と外的という二つの現実の間の関係だけを抽象した」作品だ、といえるのかもしれない。事実、「去年マリエンバートで会った」ということにたいして、ロブ＝グリエは実際には会っていないのだといい、レネは会っていたのだといって、二人の間の解釈すらがそもそも重大なくいちがいを見せていると、どこだったかでサドゥールが書いていたように記憶する。

そのようなことからも、私には、レネがこの物語を、人間の疎外感（自己自身の本来性の喪失＝Xとの関係、つまり去年マリエンバートで会い愛し合ったという記憶の喪失＝Mと宮殿への所属）から、Aが自己自身を解き放つドラマとしてイメージしているのではないかと思えてならない。『二十四時間の情事』の「見た」「見ていない」の関係が、ちょうどそれとは逆に「会った」「会っていない」の関係としてあり、ヒロシマとの出会いは、もしかするとアルジェリアとの出会いの意味を秘めながら、ここではXとの出会いとなって、記憶―意識―存在のしかたを、一人の人間の内部で根底から変革する契機を見つめようとする、そのようなドラマではないかと思われるのである。そういえばこの「生きながら死んでいる」ような宮殿は、まさしくカフカの「城」、あるいは「掟」の世界であって、宮殿を去るイメージは、日常性の虚偽的存在からの脱出というイメージをかきたてずにはおかない。むろん決定的なことは実際の作品を見るまで何一ついえないが、このドラマが存在の根源的な条件（人間の条件・自由の条件）に迫ろうとした、その意味できわめてメタフィジカルなドラマであることは明らかである。

自然主義的ないし政治主義的な発想から見ると、このようなドラマは、とかく現実から遊離したものとして見えがちである。しかし、作家は時代とのかかわりを、つねに直接法で語るとはかぎらない。問題はその作品のトータル・イメージが、どれほど状況の深部と対応し合っているかにある。サルトルもまた「形而上学は経験から逸脱した抽象的概念についての不毛の議論ではなく、心の内部で人間の条件をその総体性において抱くための生きた努力だからである」（『文学とは何か』）と書いているが、メタフィジカル・ドラマがその超現実的なメタ性のゆえに、即リアリティを失っているという見方は俗論である。そのことは、歴史の相対的な条件をそぎ落し、あまりにも絶対の世界にのめりこみすぎているのではないかと、しばしばその点に不満を抱かせるベルイマンにおいてすら、なお基本的にはいいうることのように思われる。

第二次大戦後の世界は複雑となっている。五〇年代から六〇年代にかけて、その複雑さはほとんどグロテスクなまでに絡み合い、状況はいっさいの人間的なものを容赦なく解体してしまうほどの危機にある。それはひとり資本主義の人間疎外の問題にかぎらず、スターリン主義とその残滓にまみれた社会主義社会の腐敗の問題としても無視できない。神話という神話が崩れ去り、見渡すかぎり寥々とした人間不在の荒野のただなかで、この世界は何を意味するのかと、なお人間の可能な未来をまさぐろうとして、こう問いつづけずにはおれないところに、今日の芸術家たちのもっとも切実な課題がむけられつつあるのはそのためである。ワイダやカワレロヴィッチなどのポーランド映画が、ワイダがどちらかというとより具象的なイメージによって、カワレロヴィッチがどちらかというとより抽象的なイメージによって、それぞれその一点にむかってじりじりと迫りつつあることを、その意味では現代映画のもっとも重要な動向として、これは機会をあらためて別個に論ずる必要があるように思われる。したがってここでは、彼らの最近作（ワイダ『夜の終りに』『二十歳の恋』、カワレロヴィッチ『夜行列車』『尼僧ヨアンナ』）が、戦中および戦後直後の直接的な体験の凝視から、やはり一種の大衆社会化しつつあるより現在的な安定期の、そのなかに進行しつつある新たな人間疎外の状況に眼をむけつつあることを、そしてそこでぶつかっている思想的・方法的課題が、これまで見てきた資本主義下における諸作家たちの思想的・方法的課題と、きわめて相接近してきつつあることを、とくに一考すべき問題として指摘しておくことにとどめたい。私はその接点に、芸術におけるマルクス主義の方法が、その疎外論をふまえながら、現象学的存在論と精神分析学的存在論を媒介として、新たな活力をもって蘇生しようとする可能性を、漠然とながら予感せずにはおれないのである。

戦後十八年を経た今日、状況はその危機の様相を深めながら、しかも日常性の太平ムードのなかで、きわめてとらえにくくなっているということを私はくりかえし強調してきた。というより、その日常性そのものが、人間疎外の直接的な現象であり、そのヴェールの下にはとりかえしのつかないほど空洞化が進んでいるということを、折につけて触れてきたわけである。そして、その点への模索から切りはなされた反戦映画が、今日ではもはや充分批評的ではありえなくなっているということから根本的な視点の転換を求めたのである。もはや戦争の体験を直接もっていない世代が大きく台頭しつつあるということからだけではなく、戦後十八年を経た今日的状況下における危機意識の問題として、もっぱら戦争の直接的な体験をぶつけるだけでは、あるいはそのことを強調することによって、未来から同じ危機がやってくるぞという「狼がきた」式のとらえ方では、もはやそれはわれわれの日常意識にとってはつねに外的なものにとどまらざるをえない、という限界を感ずるからである。むろん過去のことより現在を、ということではなく、つねに現在をとらえることに立ちおくれながら、それがいつも過去の反省的対象となってからしかとらえられないという意識上の欠陥を、いかに克服するかという問題を抜きにして、過去の体験をただくりかえすまいとすること自体が、それ自身自己矛盾ではないかと思うのである。つまり過去および他所の体験をあくまでも「いま・ここ」との関係で主体化してとらえること、また「いま・ここ」の体験のなかに歴史の意味を見出すこと、そして現在の日常的な意識の空洞化こそ、いっさいの危機を呼びこむ「真空地帯」なのだということを認識すべきなのである。これまで三回にわたって論じた現代映画論は、この「眼に見えない」日常の空洞化状況を、いかに「眼に見える」イメージとして批評的にとらえるかという観点から、それをもはやまったくなしえなくなっている既成リアリズムの克服の問題として提起したものにほかならない。

5

「敗戦」と「戦後」の不在

「作家の内部世界をどうとらえるか」と題した丸山章治《しょうじ》氏の論文は、氏が「作家の内部世界」ということに一片の省察ももちあわせていないことを、はからずも露呈したものにほかならなかった。

そのふぬけたような一語一語を、私はほとんど砂を嚙む思いで読んだ。

だが、それはなにも氏の論旨が、花松正卜のそれにもまして、より素朴であり、よりピントはずれであったということを指しているのではない。私にとって見逃すことができなかったのは、記録・教育映画の世界において、もっとも思慮深くもっとも良心的とも思われている部分においてすら、あいも変わらず不毛の思考が根強くはびこり、空しいオプチミズムがいまだに色濃く支配しているという事実であったのだ。私は、氏の論文のなかに、自己の腐敗を自覚していない戦前派の意識構造の典型を、まざまざと見せつけられる思いがしたのである。

まず丸山氏は、「僕は主体の喪失などという事件は一度も起らなかったと考える」という。なぜか。その理由として氏は、「文字どおり主体を喪失してしまっていたら、当然主体的責任などもてよう筈はあるまい」と述べ、したがってこれは主体の喪失ではなくて、実は主体の不確立を指しているものと解していい」と、提起された問題を自己流に修正し、これをぜんぜん別個な命題にすりかえてしまうのである。

だが、主体が喪失しているといいながら主体的責任をもてというのは、自己矛盾じゃないかといわんばかりのこの論法は、あたかも古代ギリシャにおける後期ソフィストたちのそれに似て、およそ人を愚弄した詭弁であり、ヘリクツであるにすぎない。

もしこのような論法が是認されるなら、そもそも「自己喪失」などという言葉すらそれ自体で自己矛盾しているということになりかねないのだが、それもナンセンスと一笑しきれない危惧を感ずるのはどうしたことであろうか。事実、作家協会が存在し、映画を作っているものが存続していたかぎり、「作家喪失などという事件は一度も起こらなかった」とマジメにいうものさえチラホラするのが、今日このごろの現状である。なるほどカツドウ屋という名の職人は掃いて捨てるほどうようよといたし、今もいる。しかし、映像をきざみあげてゆく創作行為のなかに、創作主体が、自己の内部世界と対象的現実との、あるいは意識と物との、その緊張したダイナミックな関係を、人間と社会の変革というパースペクティヴからひたむきに見きわめてゆこうとする熾烈な格闘を疎外しているかぎり、いかにカメラがまわり、いかに鋏がフィルムをきざもうとも、そこに「作家」はあくまでも不在といわねばならないのだ。

要するに、「電子顕微鏡でなければ存在のわからないようなヴィールスやリケッチャでも、これをないといってはいけないことをツクヅク痛感している」とかいって、およそ次元のかけはなれた異質の現象を、まったく機械的・形式的に対応させ、そのアナロジーから、主体はミクロの微生物のように存在していたなどと、とてつもないスコラ的なコリクツをこねまわしているうちは、私たちの戦争・戦後体験を徹底的に再検討し、歴史を縦貫する変革主体の疎外と不毛の構造を、その根源にまでさかのぼって克服しようとする、すでに開始された闘いの意義も、氏にとってはついに自己の内部的現実的課題となることはないにちがいない。

だが、ここで私たちは、いまひとつの興味ある事実に眼をむけるべきであろう。それは、戦中・戦後の状況と作家および運動の問題を省察するとき、ここに質的な自己否定と変革を必要とするひとつの一貫した負の構造があることを認めず、それをたんに不充分であったというおきまりの自己批判にすりかえてしまおうとするものに、ほとんど共通して、「主体」と「主体性」の混同が認められ、しかも実質的には問題を「主体性」というカテゴリーでしかとらえておらず、「主体」にたいする洞察はまったく欠如しているという事実である。

このふたつの事実の合致は偶然ではない。「主体」と「主体性」の区別についてはすでに花松批判のなかで触れたのでここではくりかえさないが、いずれにしても、「確立」とか「不確立」とかいうことを、意識上の積極性とか自発性、あるいは自覚とか目的意識性とかいう意味でしか考えていないものが、「主体」を「主体性」ととりちがえ、その喪失の事実はなかったと異口同音に主張するのは理由がないことではない。なぜなら、私が一面において無惨な自己崩壊と自己疎外の歴史でもあったとあえて批判してきた、民主主義映画運動や国民映画運動のなかにも、当時、能動的・自発的に、自分の意志と判断を通して活動してきたといえる人は、けっしてすくなくなかったからである。だが、そのような意味での「主体性」なら、まさに戦争中にも、滅私奉公だの特攻精神だのという形で厳然としてあったのだ。いついかなる場合においても、たんに内発的・積極的に判断し行動したということだけをもって、私たちが歴史において果すべき人間全体の疎外からの回復、それを物質的にも精神的にもおし進めてゆく変革主体の、その存在と実践が客観的に果した役割にかえることはできぬ。

すでに確立さるべき主体にたいし、どのようなヴィジョンをもっているかという点で私と丸山氏の差異は決定的である。それは戦争責任と戦後責任というカテゴリーによって、私たちの戦争・戦後体験を貫くネガティヴな思想構造を苛酷なく検証することのなかから、いわば絶望的な頽廃ともいうべきその重苦しい事実の認識を、今度こそ妥協を許さぬ不断の自己否定と変革のエネルギーに転化させようとするとき生みだされてくるそれと、そのような内部の格闘を回避し、その没主体の状況を、客観的・構造的に変革するのではなく、不充分であった「主体性」を確立するという命題を立てて主観的・現象的に超越しようとするとき生みだされてくるそれとの、ほとんど革命と修正、ないし不連続と連続とに対応するほどの差異にほかならない。

しかし、私が主体意識の欠如を烈しく批判するのは、かならずしも氏の思考の粗雑さにあるのではない。まして表現の混乱とその稚拙さにあるのでもない。私が絶望をすら感ぜざるをえなかったのは、なによりも私たちの歴史を自己検証することによって私たちの現在立っている地点を全面的に明らかにし、私たちをとりまくこの厚い壁をつき抜けて、なんとか事態を前進させようとするきわめて重要な今日的課題を論ずるにあたって、氏がまったく自己を第三者的な位置に据え置き、あたかもクイズかパズルでももてあそぶかのように文字づらでのタウトロギー（同義語反復）をもてあそぼうとする、その自己偽瞞的なおどろくべきオプチミズムなのだ。いったい、あの論文のどこに戦前・戦中・戦後を映画に生き、そこに作家としての歩むべき道を模索してきたものの、肺腑を抉るような生きた言葉があるというのか。あの論文から、そのエセ合理主義的なソフィスティケーションのそらぞらしい仮面をひき剝いだとき、いったいどこに、おのれの体験を力いっぱいぶつけて論敵と対決しようとするきびしい批判精神があるというのか。――論者の不在、私がそこに見たのは、それ以外の何ものでもない。

それにもかかわらず、氏が「責任」の名において主体喪失の事実を否認するとき、現在まさに責任の名において主体の変革を遂行しようと決意している私には、その無責任きわまる発言を黙って容認するわけにはゆかないのである。

そもそも、敗戦後ほぼ五年間というものを、いわゆる占領下革命の幻想にひたって民主主義革命を挫折させ、さらにコミンフォルム批判後の五年間を、いわゆる「劉少奇テーゼ」の無批判的公式的適用による極左冒険主義の採用と、醜悪な分裂と抗争の体制化による組織の自己破壊とによって、ついに大衆からの孤立と、労働戦線の混乱および敗退を導いたという事実、その間、革命に身を献じたおびただしい情熱的エネルギーを、歪め、引き裂き、空無と消散させた事実、これら誤謬と頽廃の政治によって、大衆の生活意識の深層に横たわる膨大な動力を組織しえず、その解放への願望をほぼ完全に裏切って、根強い不信を植えつけてしまったという事実、そのような戦後十数年の歴史にたいして、私たちがその失敗の原因を、ただたんに情勢分析と方針の誤りという、相も変わらぬ紋切型の客観主義的自己批判にこれをとどめることなく、およそ大たんに変革主体の思想と体制と実践の内部構造にまでメスをくわえることによって、苛酷なき自己否定と主体の変革を、現在と将来へ向っての方針と実践のなかに論理化し、具体化してゆくプログラムをもたぬかぎり、「責任」ということが正当に語られることは、いついかなる場合においても絶対にありえないのだ。

誤まれる政治にもたれかかり、その走狗となって映画を政治に隷属させ、事実との素朴な交渉に安住して、類型的で枯渇した政治至上主義的創作に終始したものたちが容赦なく批判され、また、みずから徹頭徹尾自己批判せねばならぬのも、また、このような地点においてである。だから、いやしくも現代の作家と呼ばれるべきものたちが、第一に政治的アヴァンギャルドの眼をもちえず、したがって、政治を正しく認識し行動する主体的なアンガジュマンの論理を喪失しており、第二に、芸術的アヴァンギャルドの眼をもちえず、したがって政治と芸術の相互規定的な関係を歪曲し、既成の観念や感性をうちこわして、状況を外部と内部から弁証法的にアプローチしてゆく方法の探求を疎外していたということを、まさに作家として致命的な躓きを二重に犯していたという問題として、これをなによりも作家主体の解体と、作家の戦後責任の放棄という視点で自己批判し、克服しようとしないならば、それは、もはや救いようのない第三の躓きと新たなる戦後責任の問題として完膚なきまでに糾弾されねばならぬことはいうまでもないのである。

しかし、丸山章治氏の世界はあたかも痴呆のように楽天的である。私は、氏がかつて、「教育映画よさようなら」という奇妙なる一文のなかで、「教育」と「啓蒙」のちがいなどということをさもさも重大事であるかのように云々しているのを見て、実はあいた口がふさがらなかったのである。氏は「僕は、そういう〈教育〉と対立する〈啓蒙〉こそが教育映画作家としての自分のやるべき仕事だと考えている」と書いているが、私にいわせれば、そんなことは、ちょうど目くそが鼻くそをせせら笑っているようなもので、バカバカしいかぎりとしか思えないのだ。しかし、氏が終戦のとき以来、一貫して啓蒙映画を作ろうと考えてきたと語り、「終戦をきっかけに、我国は新しい啓蒙の時期にはいった」などといっているのを見ると、これはちょっと笑殺してやり過すというわけにはいかなくなってくるのである。

だいいち、今から十四年前の八月十五日、敗戦という現実を前にして、誰がいったい、これからは「啓蒙」の時代だなどと思うことができたであろうか。丸山章治氏にとって、「敗戦」とはそもそも何を意味したのか。私はこう問いたい。

思えば、映画の世界においては、亀井文夫をのぞいて、作家という作家のほとんどすべてが、日本軍国主義の干渉と弾圧の前につぎつぎと屈服し、またすすんで時局の馬に乗り遅れまいとみにくく狂奔した。しかし忘れてはならぬことは、彼らとても、たんにあざむかれ、強制され、被害を受けたものだったのでは絶対になかったということなのだ。占領各地をとびまわり、奴隷の映像と言葉をもって、聖戦と皇軍を讃美し民衆を欺瞞したその行為は、その戦争権力がアジア各地にもたらしたかずかぎりない残虐行為と同質の犯罪以外の何物でもなかったのである。丸山章治氏もまた東宝航空教育資料製作所において、帝国陸海軍の国策映画製作の一端を加担していたという点では、けっしてその例外ではなかったはずである。

だからといって、私は氏の戦争協力をそれだけ切りはなして批難しようとは毛頭思っていない。自己の戦争責任を内部にむかって追及することを回避し、啓蒙の時期がきたなどとうつつをぬかすことによって始められた、氏の戦後責任をこそ私は問うているのだ。戦争期における映画作家たちのあまりにもみじめな敗北と自己崩壊——その戦争体験の深い傷痕とその意味するものに眼をふさぎ、いとも安易に時流に順応してゆこうとするそのダルな没主体の意識こそ、かつて「敗戦」を流産させ、今また「戦後」を流産させようとしている癌であることを重視するがゆえに、私はこの問いを問わねばならないのである。

したがって、丸山氏が提起された問題に自己の内部を相わたらせることもなく、エロ・グロ文化に反対しながらエロ雑誌に読みふける組合役員の話などつまらぬ引例をながながとひきあいにだしながら、主体と客体は統一する必要があるとか、外部条件や大衆路線を軽視してはいけないなどと、自明の常識をもっともらしく「啓蒙」してくれているのを見ると、私は怒りとも悲しみともつかぬうずきを感じて、わが国における革命が、いかに困難にみちているかをあらためて思わないわけにはゆかないのである。そして、一度でもそのきびしい外部条件の圧力と血みどろになって闘ったことのあるものなら、また一度でも大衆の奥深く自己をかかわらせて、その背離感と信頼感との間に苦悶したことのあるものなら、どうしてこのような不毛の論理に屈服することができようかとも思ったのである。

問題が何であるかははっきりしている。それは、「敗戦」の事実から何ものをもえようとせず、そのことによって「戦後」を挫折させたものたちが、戦後十四年を経た今日、敗戦を「敗戦」たらしめ、戦後を「戦後」たらしめることによって、現実変革のプログラムとその実践主体の革命をなそうとすることをまたしても拒否しているということであり、そのような傾向にたいして、私たちが、断固非妥協的に闘いぬくことによって、私たちの戦後史に責任を負わねばならぬということである。

私の思想ははたして精算主義的であろうか。私はそうは思わぬ。むしろ過去の歴史と対決することをつねに避け、これをうやむやにしたまま、ずるずるとその没主体的構造を温存するものこそ精算主義的である。いうまでもなく現在のこの混沌は、一刻も早く新しい方針の確立とその実践によってのりこえられねばならず、そのプログラムの提示こそは、歴史の前衛に課せられた緊急の任務である。だが、そのことが、妥協のない自己検証と歴史主体の構造的変革によって内側からがっしりと支えられていないかぎり、将来同じ誤謬を犯すことは火を見るより明らかなのだ。

ともあれ、闘いはすでに始められている。それは苦悩にみちた燃焼と解体の戦後体験の亀裂のどん底から、身をよじるようにして始められた。そして、もろもろの誤謬によって満身傷だらけとなりながらも、その歴史を受けとめ、その重みに耐えて、なおも革命の火を燃やしつづけようとするものの手によってのみ、それはなしとげられるものなのである。「敗戦」と「戦後」をなしくずしにおし流そうとする堕落した思想と闘いながら、私はいま徐々におし開かれていく重い扉のことを、抱えきれないほどの記憶とともに思わざるをえないのである。

芸術的サド・マゾヒストの意識

ドデカフォニー（十二音音楽）のことを調べていて、ドデカという数の語源的な意味を知っておこうと、机の下かなんかにほこりまみれになってうずもれていた辞書をとりだして頁をめくっていたら、同じDの項目でふとドキュメントという文字が眼にとびこんできた。そこで、はからずもこの言葉には歴史的にいって、「証拠」という意味と、「教訓」という意味の二通りの意味があったことをついでに知ったのであるが、そういえばこれまでのいわゆるドキュメンタリー映画には、事実へのフェティシズム（呪物崇拝）と啓蒙主義という二つの特徴的な傾向があり、前者は証拠ということと、後者は教訓ということと、素朴な段階でかなり直線的に対応していたのではなかったかと思われるのだ。その辞書によると、証拠という意味の方は実証主義の時代十九世紀中葉から、教訓という意味の方は啓蒙主義の時代十八世紀末期から生まれており、現在ではどちらもとっくに廃語になっているわけだが、それにもかかわらず、わがドキュメンタリー映画の大半は、政治的には資本主義の打倒と、芸術的には自然主義の破壊をもって始まったこの二十世紀の革命時代に、

いま だ前世紀的な尾骶骨をぬくぬくと後生大事に温存しつづけてきているのであるから、そのアナクロニズムは喜劇的に徹底しているというほかはない。

むろん私にとって、素朴実在論的な事実信仰は、もっとも現実的な証拠物件の非在ないし非日常という意味での非現実への物体化によって否定され、教師づらをしたもっともらしい啓蒙主義は、おのれの内部をたたきつけ、たたきかえされることによって、他をもおのれをも内発的に変革せずにはおかぬような芸術的プロパガンダによって否定されねばならないことは明らかである。だが、はたしてそれは何を根拠とし、何を主体的な契機として可能となるのか。

いまここに西独で作られた『十三階段への道』というドキュメンタリー映画がある。これはニュルンベルグの戦争裁判を記録したものであり、被告たちの自己弁護と偽瞞の陳述にたいして、事実の記録という動かぬ証拠を対置させ、一九三三年から四五年までの十三年間にわたるナチス・ドイツの興隆と崩壊の歴史をたどりながら、ナチス指導者たちの犯した数々の残虐行為と侵略戦争の実態を暴露し、その責任を追及したものである。だが、その非人間的な戦争のなまなましい記録と、そこに貫かれた烈しい戦争否定の思想にもかかわらず、私には、かなり根本的な問題にかかわる三つの疑問を感じないわけにはゆかなかった。

そのひとつは、この映画は、一九三五年のナチス党大会においてうちたてられた民族保護法制定以来の「ドイツ民族の優越性」という神話の虚構を、現象的にはあますところなく抉りだすことができているとしても、あらゆるファシズムがそうであるように、ヒットラー・ファシズムもまた高度に発達した国家独占資本の帝国主義的本質にその政治的・思想的な根拠をおいていたという事実が、もののみごとに捨象されているということであった。

第二には、ここにはナチス指導者にたいする戦争責任の追及はあっても、その追及の主体である戦争被害者としてのドイツ人民の大半が、一面においてはかつて侵略戦争にたいする批判の眼を失い、むしろ積極的にこれを讃美し、ヨーロッパ各地に目を覆うような残虐行為を具体的におしすすめた反人民的な加害者でもあった事実と対決し、これをみずから人民の側の戦争責任と階級主体の崩壊の問題として、冷酷に抉りだしてゆく視点が完全に脱落しているということであった。熱狂的にハーケン・クロイツの旗に忠誠を誓い、塗りつぶされ広げられてゆくドイツ領土図のうえに興奮のまなこをそそいだかれらの意識と、敗戦によっていわば外側から価値転換の規準を与えられ、複雑な思いをこめて戦犯指導者たちの処刑を直視しなければならなかったかれらの意識と、そしていまこの映画を作ることによってそれらみずからの体験を見つめ反芻しようとするかれらの意識との間に、はたしてどのような変貌が内在したのかという疑問が私の脳裏にこびりついていたのである。

第三に、この映画は、急速に復活し、ふたたび帝国主義化しつつある西ドイツ独占資本とその政府が、アメリカ帝国主義の世界政策に相対的に従属することによって自己の野望を拡大しようとしている事実、しかもそれをおしすすめている政府要員や軍司令部、司法界などのなかに、公然とかつてのナチス指導者がおさまりかえっているという事実、そのような現在地点への批判を、およそ爪の垢ほどももち合わせていないということであった。それは当然第一第二の点からの結果であると同時にその原因ともなっており、この映画の作り手の現在位置を如実に示すものにほかならないが、要するに、そのような今日をもたなければならなかった西独人民の戦後体験と戦後責任の問題にメスを入れる意識をぬきにして、なぜ戦争の問題にいまさらあのような懐古的な形でしかアプローチすることができなかったのかという疑問が、もっとも基本的なものとして、強く残らざるをえなかったのである。

なるほど、一月四日のボン発のタス通信によれば、同日、西ドイツ各地で、いっせいに街頭の壁や窓、電柱、舗道などに、ハーケン・クロイツのカギ十字章やユダヤ人排斥のアジテーションが書きつけられ、西ベルリンでは、右翼青年たちがナチスの歌をうたいながらタイマツ行進を行なったということが報道されている。とすれば、こういう公然としたナチズム復活の動きにたいしては、この映画のように第二次大戦中のナチス・ファシズムの犯罪行為を生なましく想起させることによって痛烈な批判をくわえ警告を発することも、けっして無意味なことではあるまい。だが、西独と類似した条件におかれている足元の日本のことを考えてもわかるように、新しいファシズムは、一方でこういう極右の暴力組織を利用してたくみに民衆の眼をそらし、みずからは平和の名を口に唱えながら堂々と新しい侵略のプログラムを準備しているのである。したがって、もし現在の日本で、東条をはじめとしたA級戦犯の国際裁判をテーマに、かれらの犯した数々の犯罪を当時のフィルムによって証拠づけ、第二次大戦の悲劇を想起することによって戦争否定の理念をうかびあがらせようとする日本版『十三階段への道』を作ったとしても、それが、天皇ヒロヒトの戦犯的本質にふれず、故意に天皇を戦犯リストからはずして日本国の象徴としたアメリカ占領軍の占領政策の意図にふれず、戦争を惹起した原因が、高度に膨脹した日本独占資本の、欧米独占資本からの市場争奪という必然的要求であったことにふれず、あるいはまた、現在の総理大臣岸信介が、戦中からの一貫した戦犯的ファシストであったことに、怒りをこめてふれないかぎり、それはいま新たに帝国主義化しつつある日本独占資本とその政府にたいして、観客の意識を決定的に敵対させてゆくことはできないにちがいないのだ。

そういう点から見ると、同じドイツでも東独の方で作った『暗殺計画チュートンの剣』というドキュメンタリー映画の方が、まだしも現在地点への批判の方にフォーカスを合わせながら過去をとりあげているという点では、より一歩進んだ批判精神をもち合わせていたように思われる。第一、この映画の主人公は現在のＮＡＴＯ中欧地上軍最高司令官としておさまりかえっているハンス・シュパイデルである。そして映画は、そのシュパイデルが、かつてナチスの高官として何を行なってきた人物であるかを、一九三四年からおよそ二〇年にわたるありとあらゆる犯罪的な証拠物件を、これでもかこれでもかと動員して、その戦犯的本質を完膚なきまでにあばきだし、そのような男を最高司令官としているＮＡＴＯが何を意図するものであるかというところまで批判を掘りさげているのである。

私はこういう執念深いサディスティックな闘い方が好きだ。したがって本来は優しくていい男であるにもかかわらず、世の若き女性からは、こわい人、あたし嫌いと敬遠され、ズブのヒューマニストからは非情冷酷で先輩を尊敬しない無礼な男と白い眼で見られるのであるが、まあそんなことはどうでもいい。問題は、サディズムと執念は、およそ階級闘争と今日の作家の芸術意識にとって本質的なものだということなのだ。ところで執念といえば、池田彌三郎はその著書『日本の幽霊』のなかで、幽霊を二種類に分類し、一方は自分の出没するテリトリーをみずから限定し、しかもそこに通りかかったものにはだれかまわず化けてでるという怠けもので アナーキーな幽霊と、他方では、はっきり特定の対象を設定して、その人物がどこに逃げかくれしようと、どこまでも執拗に追いつづけ、ついにはその人物を呪い殺してしまわずにはおかないという、すさまじくサディスティックな筋金入りの幽霊がいることを指摘している。池田氏も前者は真の幽霊ということはできず、むしろ妖怪として区別すべきだといっているが、私が興味をもつのも後者の執念の固りのような幽霊であり、その意味では、昨年の新東宝作品『東海道四谷怪談』なども、お岩を、封建的に疎外された人間の、抑圧者にたいする執念深い呪縛的な復讐者として、その非現実への物体化にかなりの程度成功していたと感心しないわけにはいかなかった。もっとも今日の幽霊は、マルクスの『共産党宣言』をまつまでもなく、資本主義的に疎外された、歴史上最大でしかも最後の被抑圧者としてのプロレタリアートにほかならず、その存在は徹頭徹尾非人間化されているがゆえに、微塵の妥協もなく抑圧者ブルジョアジーを呪いつづけ、その絶滅をめざして徹底的にくいさがらずにはおかないという最高に執念深いものなのだ。このような二十世紀の幽霊の現状を、アクチュアルな非現実のイメージに醱酵させ物体化させることが、今日的作家にとってきわめて重要な課題であることはいうまでもない。

それはさておき、『暗殺計画チュートンの剣』では、証拠概念は事実がいったん作り手の側のロジックによって積極的に再構成されるという手続きを経ているとはいえ、その再構成の過程がきわめて合理主義的な論理的認識を主要な契機としているため、そこにちりばめられた数々の証拠物件は、あたかも裁判所に提出されたそれのように、依然として対象的な現実世界の側にべったりと密着しており、したがってまた啓蒙主義をプロパガンダとして克服しようとするきざしはあっても、しょせん認識のカテゴリーを超えた日常意識の破壊作用を内発させる芸術的プロパガンダとはなりえていないのである。ここに政治と芸術の微妙ではあるが、決定的に質を異にしてゆく分岐点があると思うのだ。

むろん映画はすべて芸術でなければならないなどという約束ごとは何ひとつあろうはずはなく、したがって政治や教育が、それらの一手段ないし一形態として映画というメディアをどう利用しようともそれ自身をとやかく非難するのはまさしくお門違いにちがいない。だがすくなくとも映画芸術の創造をとおして世界にかかわろうとするものが、いとも安易に芸術上の課題を政治上ないし教育上の課題に解消してしまおうとする没作家的な傾向にたいしては、やはり作家の責任においてきびしく断罪しないわけにはゆかないのだ。明確にしておかねばならないことは、実生活の構造と芸術の構造はあくまでも別個のものであり、政治ないし教育の効用性と芸術の効用性はあくまでも異質のものであって、事実、芸術が政治や教育にすぐれた効用をもちうることがあるとしても、それはあくまでも芸術の効用性をとおして、いわば結果として二次的にもたらされるものにほかならないということなのである。しかも私の考えからすれば、この芸術の効用性ということすら、作家の内部に燃焼し醱酵するイメージを現実とつき合わせながら屈折的に物体化してゆく創作の内的過程とくらべるならば、すくなくとも作家の主体的課題としては従属的なものでしかありえないのだ。むろん効用性の目的意識と創作の内的過程を支配する創造意識とは、現実には不可分離の関係で相互に規定し合うものではあっても、両者の弁証法的な統一は、決定的に後者を主要な契機としないかぎり、芸術的効用性そのものもついには通俗化し、次元の低下をまねくであろうことはまちがいないのだ。要するに芸術の効用性もまた、創造の内的燃焼過程とその物質的対象化の側面からみれば、やはり結果として二次的にもたらされるものでしかなく、それ自体けっしてスタティックに先取されているものではないのである。

こういうことをいうと、「作家として、いの一番に考えなければならないのは、〝何をいおうか〟ではなく、〝誰に見せるのか〟でなくてはならない」などと愚にもつかぬことをあっけらかんとしていってのける川本博康などのような大俗流大衆路線の信奉者たちは、またしても青筋を立てて憤慨したくなるであろうが、私にいわせれば、かれらはあたかもみずからの主体を放棄して苦悶することのなくなったスレた淫売婦のようなものであり、はじめから作家などとは無縁の存在にすぎないのである。ボーボワールは『第二の性』のなかで、「女は男に対して、他者ないし客体として生きることを要請されながら、本質的には主体としてとどまることを選択する存在にほかならない」という思想をくり返し述べているが、わが淫売婦的職人諸氏らも、たまにはこういうすぐれた女性解放論なども熟読含味して、他者への自己解体がいかに安直で非創造的な奴隷的存在であるかをおのれの荒廃した内部に照らしてとっくりと見きわめるがいいのだ。

話はまたしても横道へそれたが、私たちにとって問題であったのは、『十三階段への道』や『暗殺計画チュートンの剣』などが、ドイツの戦争体験と戦争責任の問題を、ドイツ人作家がみずからの手によって抉りだそうとした、ほとんどはじめてといってよい画期的なドキュメンタリー映画であったにもかかわらず、それらが対象を把握し表現する過程において、作家自身の内部世界でこれを燃焼し、醱酵させ、屈折する度合が意外にも稀薄であったということであり、したがってまたドキュメントということが、事実の直接性を証拠としたきわめて認識論的な平板な記録という意味と、政治的効用性に直結した実生活的次元でのプロパガンダという意味でしか理解されていないということであった。しかし私の見るところでは、ドイツは早くも敗戦直後、戦争と戦後をどう内部の問題としてとらえるかという強靱な主体意識に支えられたドキュメンタリー芸術を、すでに萌芽としては生んでいたのではないかと思うのだ。もっとも、それは映画においてではなく演劇においてであり、若くして死んだヴォルフガング・ボルヒェルトの、最初にして最後の戯曲、『戸口の外で』においてであった。

その芝居は、ベックマンという元伍長の復員者が、自分の家へ帰ってきて見ると、女房のベッドに別な男が寝ているのを見て絶望し、エルベ河に投身自殺をするというところから始まっている。亡霊となったベックマンは、自分の帰る家が見出せぬまま故郷の戦後をさまよい歩くのである。彼は戦争中使っていたねずみ色のブリキ縁でできた防毒面用の眼鏡をかけたままの奇妙な恰好をしているため、会う人ごとにそんな眼鏡なんかはやくはずして捨ててしまえと嫌がられるのだが、彼はけっしてそれをはずそうとはしないのである。そういえば最近話題となったワイダの映画『灰とダイヤモンド』の主人公マチェックも色眼鏡をかけており、「あなたはどうしていつも黒眼鏡をかけているの」というクリスチーナの質問に、「わが祖国にたいする報われぬ愛の記念さ」などと受け答えていたが、地下水道の記憶の刻みこまれたこのマチェックの色眼鏡のように、ベックマンの防毒面用の眼鏡もまた、彼の内部にとどめられた戦争の記憶そのものを意味していたことはいうまでもない。したがって、そのような眼鏡を戦後においてもかけつづけねばならなかったベックマンは、戦争中彼の命令で命を絶った数多くの部下たちの亡霊から日夜呪咀をあびせかけられ、かつて彼の連隊長だった男をたずねて、その殺人の責任を返しに行かなければならないのである。「……腐った繃帯《ほうたい》と、血みどろの兵隊服を着た亡者たちが、共同墓地から立ち上るんです。そして海から浮び上って来るんです。草原から、道から、森から、出て来るんです。廃墟から、黒く凍った、緑色の腐った沼地から。草原から立ち上るんです。眼っかちになった、歯のない、片腕のない、脚のない、内臓のズタズタに裂けた、頭蓋骨のなくなった、両手のなくなった、孔だらけの、プンプン匂うめくらの亡者たちが、おそろしい人数を押し流して来るんです！　見渡しきれないほどの人数を、見渡しきれないほどの苦しみを！　見渡しきれないほどのおそろしい亡者の海が、墓場の岸を越えて歩いて来るんです。（中略）ベックマン、こういって叫ぶんです。ベックマン伍長。いつもベックマン伍長です。そして、その叫び声がだんだん大きくなるんです」。戦争の体験など悪夢だったくらいにけろりと忘れてしまって、小市民的な生活をいとも楽天的に復活させていた相手の元連隊長が、おのれの体験と責任をあたかもマゾヒストのように執拗に内面化してやまないこのようなベックマンにたいして、まるで気違いあつかいのように、いささかの困惑と恐怖と嘲笑をもって、その責任追及を拒絶したことはいうまでもあるまい。

私はこの芝居をかつて新人会の公演で見たとき、胸の底を抉られる思いがしたことを覚えている。登場人物はそれぞれ完全に断絶し合っているかのようにセリフはモノローグの交錯と化し、人物の性格とか劇的脈絡といった古典劇の約束ごとはすべてかなぐり捨てられ、舞台は完全に作者の内部世界の大たんな即物的表現となりきっていた。そして非在のイメージにまでメタモルフォーズを徹底させずにはおかない作家の内的な現実把握のきびしさは、サディスティックなまでに外部世界の非合理性をあばきだし、批判のメスをその奥深くつき刺すことを可能にしていたのである。むろんボルヒェルトの世界は、明らかにカイザー、ピスカトール以来のドイツ表現主義演劇の影響なしには考えられないが、作者みずから「劇場は上演したがらない、観客は見たがらない、戯曲」と書きしるしたこの前衛的な作品が、一九四七年以来、ドイツはむろんのことヨーロッパ各地でラジオ・ドラマや舞台劇としてつぎつぎと上演され、多大な反響を呼んだことを忘れてはなるまい。人びとの生活体験の奥深くコミュニケーションが成立つ契機が、まさに人間相互の絶望的なまでの断絶意識とディス・コミュニケーションの凝視の果てに見いだされ、現実の鋭角的な把握と表現が、サド・マゾヒスティックな下降と上昇の内的燃焼をプロセスとした非現実の即物的イメージによって具象化されていくという、その透徹した合理的な錯乱こそ、前衛的ドキュメンタリー芸術の精神と方法でなくてなんであろう。

しかし考えて見ると私たちの土壌ほど、こういうドキュメンタリーの思想が根を降ろしにくいところもめずらしいかもしれない。かつて『段々畑の人々』や『九十九里浜の子供たち』ですこしは骨のある現実把握の鋭さを見せていた豊田敬太氏なども、最近では資本の論理に魂を売り渡したのか、文部省選定だの特選だのという反動文教政策がつくりだした評価のありがたさに屈服し、昨年教育映画祭で最高賞をとった『ある主婦たちの記録』など見ると、もはやドキュメンタルな要素が失われたなどというどころではなく、貧乏人よ、君たちはお互いに協力し助け合い、すこしずつ貯金をして生活を合理化すれば、たちどころに万事好転、亭主もお酒をひかえて家庭はニコニコ、生活は結構楽しくなるものであるぞよ、とばかり支配階級にとって都合のよい隣組思想を吹聴し、一時的部分的な改良に幻想を抱かせることによって矛盾の本質から民衆の眼をそらさせるという反動的な仕事を、およそ苦悶や格闘の跡もなく、まったく無抵抗にチャラチャラと巧みにやってのけているのである。ここから戦争宣伝映画への距離はそう遠いものではない。もし反動体制の強化が弾圧をともなって一段と露骨におし進められるようなことがあるとすれば、豊田氏もまた一気にそこまで崩壊しないという保証は何もないのだ。転向はその時になってやってくるものではけっしてない。すべての者にとってこういう作家意識の解体と主体の喪失過程こそ、日々行なわれている転向にほかならないのである。『敗戦と戦後の不在』と題した私の丸山章治氏にたいする批判も、結局はそのような問題を戦後責任という観点から問題としたものであった。それにたいして氏は、松本は若造のくせになまいきだ、昨日の友は今日の敵、おれの友達が誰も弁護をしないのはけしからん、などと、およそ没作家的な自己弁護と反論のための反論を行なったが、私はそういう封建意識と現実への甘ったれたかかわり方こそ、かつては絶対主義天皇制を下から支え、いま不毛の作家状況を内側から支えている思想であることを明らかにしたまでのことである。もっともああいう浪花節に弱い人も作家協会にはやはりまだいるらしく、いろいろと抗議の葉書も舞いこんできた。「松本俊夫君よ、余り革命の旗手づらするな。お前一人で革命ができるわけではないぞ。お前は一体何をやってきたと云うのだ。編集委員をかさに着て、人を傷つけるにも程がある。余り手前勝手なことを云いすぎる。機関誌はお前一人のものではないぞ。編集委員会の反省を促す」。例えばこんなぐあいである。こういうゴロツキの脅迫状みたいな支離滅裂の文章をかいて「人を傷つけるにも程がある」などとしおらしいことをいっているのはお笑いだが、どうしてこういう人たちは、すぐ「そういうてめえは何をやってきたんだ」という居直り方をしたがるのであろうか。お望みなら私の思想と行動の歴史をご披露するのはいっこうかまわないが、だいたいある人がおのれの過去をどのように生きてきたかということは、すべてその人の現在の論文や作品のなかに深く滲み込み、それらを内側から基本的に支えているものではないか。人が全身の重みと責任をかけて、おのれの内部を抉りだすようにして書き綴ったそれらの文章のなかに、その人の認識と実践、あるいは思想の質を読みとれないくらい眼が曇っているのなら、そういう人は、それこそさっさと作家なんかやめてしまった方がいいのではないかと思うのである。

古代ギリシャの伝説にこういうのがある。マイダス王がセイレノスをつかまえたとき、王はセイレノスにむかって、人間にとってもっとも好ましいことは何であるかと質問をした。最初セイレノスは強情に口をつぐんで何も答えまいとしたが、王に強制されると遂にはげしい哄笑をあびせてつぎのような言葉を吐いたという。

「あわれむべき一日の生きものよ。偶然と苦労の子よ。どうしてお前は、聞かない方がお前のためになることを、わしに無理にいわせようとするのか。もっとも好ましいことはお前にはまったくおよび難いことだ。それは生まれないこと、存在しないこと、無であることだ。けれどもお前にとってそのつぎにましなことは、直ちに死んでしまうことだ」

マイダス王は、セイレノスの言葉に愕然としたであろうことはいうまでもない。マイダスの日常意識にとっては、セイレノスの思想は、およそ異質な世界に属するものだったからである。だが、キェルケゴールからサルトルにいたる実存主義思想の知識を密輸入した現代のマイダスたちにとっては、世界を無、ないし絶望としてとらえる物の見かたは、ある程度常識ともなってきたといえる。常識となってきたということは、このような思想が、もはや登録ずみの公認の思想となり、その結果、一面においてムードとして日常化されているということをも、同時に意味するものにほかならない。現代のマイダスたちは、かくていちはやく新しい衣裳を着こなすことで、むしろ自分をセイレノスのように見せかけることに腐心してきたといえる。

先日、第六回全日本学生映画祭を見たときにも、わたしは同じようなことをつくづく感じないわけにはゆかなかった。プログラムに並んだ『傷』『む』『虚』『ゼロの焦点』等々の作品名から想像されるように、そこには絶望たちが文字どおり肩を触れ合わせるようにしてひしめき合っていたのである。「虚無の世界を少しでものぞかせていると思っていただければ……」(『汗がにじんで』)、「無意味な人間行動をパロディとしてこの作品に投影することによって……」(『デルタ』)、「ストーリーは、気力に欠ける単調な一学生の平凡な一日の生活を追ったものだ……」(『白い一日』)、「現代の若い世代を支配している虚無を打破しようとしても、所詮は無駄な気がして……」(『虚』)、とプログラムの解説文が異口同音にうたいあげているように、彼らは自分たちが絶望しているということにほとんど自己陶酔しているかのように見えた。絶望がいっぱい! しかもなんと甘ったれた絶望であることか。

そこにはニヒルなムードがあるだけで、ニヒリズムを思想として掘り下げ、そこに状況突破のイメージをまさぐってゆこうとする主体的格闘は、ほとんど皆無にひとしい状態であった。したがって彼らの創作態度は一面においてきわめて美学的であり、その創作過程を貫ぬく主要な関心は、もっぱらいかに新しい映像をつくるかということに集中されているかのようであった。

新しいものは一般に何でもいちはやく敏感に吸収してしまう学生たちのことである。そこでは、自然主義の否定などということはすでに自明の前提となっており、作品も、大半が実験映画か、あるいはそれに近い形式をとったものであった。構図や編集にも、プロ顔負けのうまいものがあった。しかし、わたしが何よりもうまいと感心したのは、ほかならぬ彼ら一流の物真似のテクニックであった。いたるところ『タンスと二人の男』があったり、『アンダルシアの犬』があったり、『二十四時間の情事』があったり、いわゆるヌーベル・バーグといわれた作風のあれこれがあった。やたらと砂浜の心象風景が多かったことも、彼らのシュールレアリスム理解が、そのようなイメージのパターンとしてなされていることを物語っていて、滑稽であった。

ここにも、また、おのれをセイレノスのように見せかける現代のマイダスたちがいた。すでに前衛的な仕事として一定の評価を受けたさまざまな実験データをかき集め、これをおのれの内部と何らかかわり合わないところでいかに巧みに折衷しようとも、そこにはもはや創造の名に値いするものはひとかけらもなく、ましてアヴァンギャルドなどと無縁のものであることはいうまでもないことだった。そもそもアヴァンギャルドの精神とは、何よりもこのようなノリとハサミの奴隷根性を自己破壊してやまぬ、精神のまったき自由をめざすものにほかならないからである。

擬制ニヒリズムや擬制アヴァンギャルドが楽しげに横行する状況——、これが絶望でなくて、何を絶望と呼ぶべきであろうか。

一見してすぐ物真似とわかるような物真似は、誰もがすぐ批判的になりうるがゆえに、さほど危険なものではない。一般に物真似とは呼ばないような物真似、自分自身でも意識しない物真似、あるいは自分が自分を真似していつのまにか自分自身を見失ってしまうという類いの、いたってややこしい物真似にこそ、私たちの絶えず陥ちこむ危険なおとし穴が待ち構えている。

大島渚の『飼育』については、すでに賛否両論、いろいろな評価がとりかわされてきた。ほめるものは、おおよそその戦争責任のなしくずしのうえに出発した戦後日本のマイナスの原点意識を追求しているテーマそのものに共感し、けなすものは、おおよそその独善的な描写と表現の固定化、あるいは人物の類型性と人間関係の図式性に批判をむけていた。そのかぎりでは、それらの評価はいずれももっともなものであった。しかし、私にはそのいずれもが、大島渚に代表される日本映画のもっとも前衛的部分における今日的地点での課題を明らかにするうえでは、一向に問題の核心に触れていないように思われてならない。

私は最初田村孟のシナリオ第一稿を読んでそのモチーフに共感した。その後要請を受けて脚本協力の立場からスタッフの一員となり、第一稿の不充分さを改訂していく作業にくわわっていった。だが、そのシナリオが一応の仕上げ段階に近づき、トータルに表現されたテーマを再度吟味しなければならなくなったとき、私はひとつの分厚い壁につき当らざるをえなくなったのである。

その壁とは一口にいってしまえば、この作品を作る過程そのものが、いわば未知の世界にふみこんでゆく精神の冒険を疎外しているということであった。別ないい方をすれば、そこには新たな自己発見がなく、思想的にも創造がないということであった。

なるほど状況を戦争・戦後責任という視点で切りとる思想は、硬化した俗流マルクス主義の教条的思想とくらべるならば、それ自体依然としてより生産的な新しい思想にはちがいなく、とくに映画の世界では、事実大島以外の誰も真向うから取り組んだことのない未開の領域にちがいなかった。しかし、これまで誰にも見えなかった不可視の世界を、いわば肉体化された思想として可視の世界に発見し創造してゆくということを芸術の前衛の不可欠の条件とするならば、そもそも〈映画の世界では〉といったような括弧づきの前衛を想定すること自体、これまたナンセンスであることも明らかに真理であった。

要するに私たちは、革命におけるもっとも先端的な部分においてすでに公認化されている思想にもたれかかったまま、まさにその範囲内で、そのような現実認識の図式をいかにもっともらしい映画に仕立てあげるかということにのみ腐心していたのではなかったのか。まず思想の原作があり、しかるのちそれを映画に脚色する。そのような関係は、啓蒙ではあっても創造とはいえないのではないか。つまるところ、それはしょせん物真似の域をでないのではないか。私は自分自身にこのような問いを投げかけたとき、それを打ち消すだけの何ものもないことを思い知らされなければならなかったのである。しかし、そのとき撮影はすでに相当程度進んでおり、積極的な改訂案もだせないまま、私はついにこの問題を提起することなく、しだいに熱がさめていくのをどうすることもできなかったといえる。

　だが、大島渚は私などより、よくいえばはるかに太い骨格の持ち主であり、悪くいえばずっと楽天主義者であった。彼にはそのような疑問はさらさらなかったらしく、終始この作品にたいして充分の自信をもっているように見受けられた。彼は余裕しゃくしゃく、これまで彼が試みてきたさまざまな表現技法を総動員して、彼自身の作品の集大成をなしとげようとしているようにも思われた。だが、かつて彼がおのれの内部の燃焼をそのようにしか対象化できないものとして創造したいくつかの表現技法——たとえば長焦点レンズによるながまわしとパンの技法も、ここではむしろその様式の側から彼自身のイメージを逆規定しているのではないかという疑問が、私には絶えずつきまとった。すでに公認化された自己を、現在の自己が真似をしているという、精神の停滞がそこにはあった。すなわち表現のマンネリズムが大島にもまた始まっていた。

これら二重の物真似のもたらした非創造という意味で、私にいわせれば、この作品は壮大なる失敗作であった。たんなる失敗作というより、ここには今日芸術の前衛を一様に覆っている停滞と類型化の本質があるように思われた。もし、この時点でその蹟きの重大さを見すごしてしまえば、そのつぎには本物の絶望がやってくることは明らかであった。

公認化された思想に自己解体する意識の構造は、思想的・芸術的にもっとも先進的な姿をとった部分にも、意外に根深く発見されるものである。

ある朝政治的に眼が覚めて見たら、すでにスターリン主義批判の思想が公認化されていたとする。そのときスターリン主義批判を声高らかに叫ぶことでみずからをスターリン主義の克服者と思いこむ意識がこれである。また、ある朝芸術的に眼が覚めて見たら、すでに自然主義批判の思想が公認化されていたとする。そのとき自然主義批判を声高らかに叫ぶことでみずからを自然主義の克服者と思いこむ意識もこれである。

批判的立場をマニュフェストすることが、そのまま思想的あるいは芸術的にアヴァンギャルドの資格を保証することになるとすれば、アヴァンギャルドとは自己偽瞞の意識を隠蔽するもっともタチの悪いかくれみのになってしまうにちがいない。おのれの内部のスターリン主義や、おのれの内部の自然主義と、それこそ血みどろになって格闘する困難な作業を疎外するならば、それ自体客観的にはより正しい思想を自分自身の思想として標榜しながらも、克服さるべき当の思想の根本構造は、一見姿を変えてそのままそこに温存されてしまうという、この絶望的な負の循環を絶ち切ることは永久にできまい。

かつて社会主義リアリズムがその動脈硬化を批判されて権威失墜したとき、昨日までのクソリアリストたちがつぎつぎとアヴァンギャルドへなしくずしの集団転向をとげるという珍現象が起った。そのとき、私は雑誌『美術運動』につぎのように書いた。

「その結果がすでに死刑の宣告を受けた美術概念と様式から、すでにジャーナリスティックに認められ、流行している、安全で、しかも一見先進的な美術概念と様式に、いちはやく変貌するという安直な傾向を生んでいるかぎり、それは時流の変化に要領よく適応し、いわば擬態をもって熾烈な批判を避けるカメレオン的な変貌にすぎないのである」

それからすでに数年、いままた同じ批判をみずからにもつきつけねばならぬほど、この問題は創造行為にとってもっとも本質的に困難な作業にちがいないのだ。ジャスパー・ジョーンズやラウシェンバーグに熱をあげるのもよい。ジョン・ケージや一柳慧に驚嘆するのもよい。もしそれが私たちをつき動かすとすれば、問題はそれが何であるのかを徹頭徹尾主体的に明らかにしてゆくことではなかろうか。私たちの心をとりこにしてしまう必然性が、それがたちまち画一化とステレオタイプ化にさらされる必然性と、まったく同じものであることだってないとはいえないのである。この二つの必然性が没主体のフィールドで表裏一体の癒着関係を維持しつづけるかぎり、未踏の世界につき進んでゆく芸術のアヴアンチュールが、意識の変革をもたらす精神のアヴァンチュールとして、批評的に成立しうる条件はすでに見失われてしまうにちがいないのだ。

何が絶望といって、これほど絶望的なことはまたとあるまい。みずからをセイレノスと思いこんで、一度もそれを疑うことのない現代のマイダスたちの意識こそ、思想的・芸術的につねに頽廃の根源であった。したがって、もし現代のマイダスたちが、かつてセイレノスに問うたように今日もっとも好ましいことは何かと問うたなら、想像するにセイレノスの答えは、たぶんつぎのようなものになったにちがいあるまい。

「もっとも好ましいことはお前にはまったくおよび難いことだ。それは他人を疑うこと、自分を疑うこと、すべてを疑ってかかることだ。けれどもお前にとってそのつぎにましなことは、直ちに芸術などを止めてしまうことだ」

大衆という名の物神について

トランプの切り札のように便利に使われる言葉のひとつに、大衆という言葉がある。

大衆にはわからない、大衆のなかに入れ、大衆に学べ、大衆の立場に立て、大衆のために作れ——たとえばこういう一連のいいまわしが、まるで呪文をとなえるように濫用されるのは、その一例である。そのとき、大衆という言葉はあらゆるものごとを測定する絶対の処方箋とされており、すでに大衆の実体から遠く遊離して、実は抽象化された観念にすぎなくなっている場合が多い。しかし大衆自身は自分を主張しようとするとき、このようないい方をあまりしない。こういういいまわしを好んで濫用するのは、主として自分を大衆の指導者と思いこんでいる種類の人びとである。ことに古いタイプの職業運動家や職業革命家は、この大衆という言葉にきわめて弱い。私の知っているある共産党員にいたっては、大衆という言葉を聞いただけで思わず涙腺がうるむという。それは夏みかんという言葉を聞いただけで思わず唾液がでてくるというのと、たいして変わりはない。彼にとって、大衆という言葉は、いわば条件刺激として物神化されているのである。こういう種類の人びとを称して、私はこれを大衆バカということにしている。

大衆バカに共通した特徴は、自分自身をまるでもっていないということである。何らかの現実や課題に直面して、これをどう感じ、どう考えるかが問われているとき、大衆バカはこれをけっして自分自身の内部にはさぐろうとしない。彼はすぐさま大衆は何といっているか、大衆はこれを肯定するか否定するかという発想をする。そこには根深い経験主義と実感主義が横たわっている。それもたいがいの場合、彼らの権威ある指導者の方針を盲目的におしいただくぬきさしならない教条主義とかたく癒着しており、それを実証づけ、より権威あらしめるものにするという範囲でのみ、大衆の意見がきわめてご都合主義的に尊重されるのである。要するに彼らはつねに価値判断を他にゆだね、自分自身はつねにエポケー（判断中止）の状態にあるのである。

『記録映画』一月号に「前衛エリートの大衆疎外」という論文を書いている木崎敬一郎もまたしょせんこのような種類の運動家にすぎないことを、みずから暴露している。彼は私の『安保条約』と『西陣』の二作品を俎上にのせて私の前衛意識がいかにインチキなものであるかということを一生けんめい論証しようとしている。そして、それを論証しようとする尺度が、例によってごく抽象的な大衆という言葉にほかならないのである。

むろん木崎は自分を素朴な俗流大衆路線主義者と区別して見せることを忘れてはいない。

彼は「大衆運動の体験からえたなまじっかの見識でもって、松本俊夫を断罪しようなどとは思わない」ともいい、また「大衆ベッタリの地点で、彼の大衆疎外を非難しようと考えるわけではない」ともいっている。しかし、問題はあくまでもこのような言葉の表層に何が抜け目なく書かれているかということにあるのではなく、論理の展開そのものを深層で支えている彼の基本的な思想の構造が、大衆という物神に自己解体していないかどうかというところにあるのである。そのような視点で木崎の論文を切るとき、表口から追放されたかに見えたものが、裏口からひそかにひきこまれているのを摘発することくらいは、そう困難なことではない。

❖西陣

彼は『安保条約』と『西陣』の両作品ともについて、私の言葉による演出上の意図にたいしては、一応自分自身の判断として賛意を示している。しかし、できあがった作品が、意図どおり実現されているかどうかを検証しようとする段になると、とたんに木崎自身は姿を消してしまうのである。彼は、作品の思想や感情のひだを下降しながら、おのれの現実意識や芸術意識をこれと交錯させて、作品そのものと対決しようとする批評的態度をまるでもち合わせていない。むしろ、彼は、その意図が作品に具象化されていたなら、大衆のなかから否定的な異議申立てがでてくるなどということは、およそ説明がつかないではないかという問題の立て方をするのである。あとは例によって例のごとく、大衆から否定的な意見がでたという事実＝意図が作品に具象化されていない（独断的・主観的）＝大衆を疎外した前衛エリート、という図式を立てて、その中間項的な論理を演繹的に組み立ててゆくだけのはなしである。愚かな考え方である。

大衆の意見の統計的平均値がもっとも正しいなどというバカげた信仰をもっているものならいざ知らず、ある前衛的な思想や芸術が、ある時点でただちには大衆の多くに理解されないことがあるということくらい、すこしでも弁証法的にものを考えるものにとっては、すでに常識に属することがらである。すべての少数意見が明日の多数意見になるということはありえないことだが、明日の多数意見は、今日かならず少数意見として大衆的には未公認の位置に疎外されているものである。今日未公認の少数意見に、明日の多数意見を透視できないものは、すでに運動を組織するものとしてのもっとも重要な条件を失っているといわねばならない。

だが、木崎の抱いている大衆のイメージは、おどろくほど平板であり、かつスタティックである。彼は、ある思想や芸術にたいする大衆のリアクションがいかに多層的に分化されているかということを知らず、そこに古きものと新しきもの、否定されゆくものと肯定されゆくものとの葛藤があることを知らず、それが全体としてどちらの方からきてどちらの方に向おうとしているかということを知らない。すなわち、大衆運動の動力学をその微分係数とヴェクトルにおいて、いわば不可視の未来形に見とおしてゆく批評力をもち合わせていない。そればかりか、私ができあがった作品にたいしてはげしい賛否両論が起きたことを述べ、その否定論者についてまずふれたのち、それに相当する肯定論者もいたという事実を指摘しただけで、これを「甘ったれ」ときめつけてとくとくとしているのだから、まさにしまつにおえないのである。まして、それらのなかに条件つき否定と条件つき肯定があったり、否定論、肯定論のそれぞれに、否定すべき側面と肯定すべき側面があったりすることなど、彼にはとうていおよびもつかないことなのであろう。彼はただ、彼の主観的結論にとって都合のよい事実だけを選びとってこれを現実の全体におしひろげ、もっぱら「厳然と存在する大衆疎外の事実」を強調して、結局はその事実にべったりよりかかってしまうのである。

大衆の批判ということを問題にするとき、私は「ピカソのスターリン像事件」を想いださずにはおれない。それは、一九五三年三月、『レットル・フランセーズ』がスターリンの死をいたんで、ピカソにその肖像を描くことを依頼し、そのデッサンを同誌に掲載したときのことであった。そのスターリン像は、当時完全に偶像視されていたスターリンにたいする一般大衆のイメージとはおよそかけはなれたものであったため、大衆のなかからピカソとそのデッサンを掲載した責任者であるアラゴンにたいして轟々たる非難があびせられるという事件をまきおこしたのである。

そのデッサンは、私の記憶によると、ピカソのものとしてはそれほどできばえのよいものとはいえないものであった。しかしたとえそのできばえが芸術的にすぐれていたとしても、事件が同じように起きたであろうことは疑いようのないことがらであった。なぜなら非難は、それがスターリンに似ておらず、偉大さと威厳がなく、いささか滑稽味すら帯びていたことから、まったく芸術とは無関係な次元で、スターリンを侮辱しているという形をとって現われたものだったからである。アラゴンがほんの一例としてあげた大衆からの抗議にはつぎのようなものがあった。

「おいピカソ……あんたにはまだまだ学ぶべきことが残っている。とくにモデルにしろ、またあんたの仕事をどう解釈したらよいかと首をひねっているものにしろ、それをもっと大切にすべきだ。この点で思いあがってはいけない。あんたの才能はスターリンの高さにはおよばないのだ。それからアラゴン、あんたは……すこし謙虚になりたまえ、あんたの責任はこの事件ではそっくり同じように大きい。……あんたにはかわいそうだが、こんないたずらがきはだれの署名でもかまわないくらいだ。あんたもやはり素朴な人たちの素朴な事がらを学ぶべきだ」

こういう大衆の抗議の声に驚いたフランス共産党書記局は、「同志ピカソによりえがかれた偉大なるスターリンの肖像画が三月十二日の《レットル・フランセーズ》に掲載されたことを断乎として非難する」という通達を発し、党員であり、同誌の編集長でもあるアラゴンの政治責任を不当に追及したのであった。通達が党の機関誌『ユマニテ』に発表されると、それこそどこの国でもおきまりのように、無数の小スターリン主義者たちの抗議の手紙が『レットル・フランセーズ』編集部の机の上に山積みにされたと伝えられる。

　このような事態のなかで、アラゴンが負けなければならなかった精神的苦痛と思想的混乱のなかには、政治と芸術、大衆と前衛の関係をめぐって、運動をおしすすめようとするものの回避することのできない、きわめて重要な問題があますところなく提起されていたといえる。彼は「声高く論じあおう」（『レットル・フランセーズ』一九五三年四月九日号）で、当時としてはほとんど一大勇気をふるって、「もっともデリケートな諸問題を処理するにも、この〈大衆の批判〉にうったえる」「大衆への神秘的な崇拝」の傾向に批判をむけたのであった。彼は、「真理を知るためには、大衆にあるいは大衆のもっとも傍若無人な代表者たちに、あるいは少くとも自分たちと同じ陣列のなかですすんで大衆の代弁を買ってでるものたちに、その見解を述べる可能性を与えさえすればそれですむ」と思いこんでいる連中にたいして、そういう安直な考えが「自分たちの芸術、自分たちの仕事上の疑問に対する解答を、それをみつけようもないものたちにまかせるだけのことになりかねない」（傍点筆者）ことを指摘し、「芸術上の創造の問題が大衆に向うべきだということは、なにも創造するものは大衆であるという意味ではない。いっさいの研究、いっさいの知識、いっさいの科学をよそに大衆から〈自然発生的な〉真理が生れるという意味ではない」と発言したのであった。

アラゴンの提起した問題は、現在にいたるまで具体的にはすこしも真剣に受けとめられていないという意味で、その内容はいまもってアクチュアリティを失ってはいない。ただ、それが一般的な原則論に終り、またそのゆえに「基本的には正しいが……」といった程度ですり抜けられてしまう弱さをもっているのは、彼自身の問題提起が、一方で彼自身によってすでに括弧づきのものにされていることと無関係ではあるまい。つまりアラゴンは、「表現されたものに直面して、大衆の感情よりも創造にたずさわる個人に一歩をゆずった」ことを個人主義として自己批判し、結局のところ党と大衆の批判は正しかったが、一部の批判に批判のしかたをわきまえない「ロバの足げり」的批判（ひとの尻馬にのった批判）が目立ったことから、そのことにたいして一言これだけはいっておきたいという形で、大衆万能主義を批判するにとどまっていたといえる。そこにアラゴンの動揺と混乱があり、「党と大衆のために」というスローガンの物神化にたいする、思想的屈服があった。彼が「いっさいを大衆のために」というスターリンの合言葉に照らして、芸術のはたらきかけがもたらす実践的結果を点検する必要があることを強調し、「党の批判にたすけられた党の芸術」（傍点筆者）というナンセンスな問題提起をするにいたったのは、まさにそのためだったのである。

職業運動家や職業革命家が、芸術をきわめて性急に大衆に奉仕させずには気がすまないのは、彼らがことごとく素朴な政治至上主義者であるからにほかならない。その典型的な教条のひとつであり、今日なお芸術論のマルクス主義的規範と思いこまれているもののひとつに、毛沢東の『文芸講話』がある。

『文芸講話』は、芸術を論ずるにあたってまず第一に「われわれの文芸はだれのためのものか」という問題の立て方をしている。それは自明の前提として「人民大衆のため」であることが確認される。そこで「どんな方法でというのが、第二の問題」となり、いわゆる「普及と向上」の問題が扱われるのである。毛沢東によれば、文芸には「ひろめるための文芸」と「たかめるための文芸」があり、両者は文芸が人民大衆の要求に奉仕する、弁証法的に統一されたふたつの側面であるということになる。そのさい「たかめるための文芸」は、より「直接に大衆のために必要なたかめること以外に、もう一つ」大衆のなかの先進分子である幹部の要求をみたすことをとおして、より間接的に大衆をたかめる役割をもつが、いずれにせよ「われわれの文学・芸術はすべて人民大衆のものであり、まずなによりも労働者・農民・兵士のためのものであり、労働者・農民・兵士のために創作し、労働者・農民・兵士のために利用されるものである」（以上全部傍点筆者）という。

ここに見られる毛沢東の思想は、徹底した政治的プラグマチズムである。そこには芸術の本質（芸術行為の意味）にたいする思想的追求はなく、もっぱら目的（動機）と効果の機能主義的な政治論があるにすぎない。

いうまでもなく、表現行為や創造行為はそれを享受する行為がなくては本質的に成立しない。もし伝達の対象がなく、また私たち自身がその対象となって芸術を享受する体験をもたなかったとすれば、私たちのなかに芸術が成立しないであろうことは歴史的にも論理的にも明らかなことである。永遠のロビンソン・クルーソーには、芸術は絶対に成立することがない。だが、享受の対象を前提とする創造行為は、だからといって誰かの「ために利用される」ことを目的として、誰かの「ために創作する」といったような没内発的な次元では、これまた明らかに成立しようがないのである。私はかつて『芸術的サド・マゾヒストの意識』というエッセイのなかでつぎのように書いた。

「明確にしておかねばならないことは、実生活の構造と芸術の構造はあくまでも別個のものであり、政治ないし教育の効用性と芸術の効用性はあくまでも異質のものであって、事実、芸術が政治や教育にすぐれた効用をもちうることがあるとしても、それはあくまでも芸術の効用性をとおしていわば結果として二次的にもたらされるものにほかならないということなのである。しかも私の考えからすれば、この芸術の効用性ということすら、作家の内部に燃焼し醱酵するイメージを現実とつき合わせながら屈折的に物体化してゆく創作の内的過程とくらべるならば、すくなくとも作家の主体的課題としては従属的なものでしかありえないのだ。むろん効用性の目的意識と創作の内的過程を支配する創造意識とは、現実には不可分離の関係で相互に規定し合うものではあっても、両者の弁証法的な統一は、決定的に後者を主要な契機としないかぎり芸術的効用性そのものもついには通俗化し、次元の低下をまねくであろうことはまちがいないのだ。要するに芸術の効用性もまた、創造の内的燃焼過程とその物質的対象化の側面からみれば、やはり結果として二次的にもたらされるものでしかなく、それ自体けっしてスタティックに先取されているものではないのである」

毛沢東の芸術論（?）は、ちょうどこれとは逆の方向で政治と芸術の関係を論じたものであった。彼は芸術批評の規準を政治的規準と芸術的規準のふたつに分けて、両者の統一の主要な契機をその政治的規準の側においた。したがって、彼が「芸術性のとぼしい芸術作品は、政治的にはどのように進歩的であっても、やはり無力である」として「ポスター・スローガン式」の傾向に反対するときですら、その「無力さ」とは結局政治的効用の無力さを問題にしていることには何ら変わりがなかったのである。要するに、人間的・社会的現象としての芸術が、あるいは心理学や生理学、あるいは社会学や経済学のカテゴリーでそれぞれその考察の対象となることが当然ありうることのように、毛沢東の『文芸講話』とは、畢竟リアル・ポリティックスのカテゴリーで芸術がどのような役割を果たすかということを論じた純然たる政治論にほかならないのである。思想性を内容と見、芸術性を形式と見る、思想と芸術の二元論、ないし大衆奉仕の効用性をアプリオリな基準とする政治優位論は、その必然的な帰結であった。したがって、そこには表現過程そのものを肉体化された思想の形成過程としてとらえる視点はなく、芸術に内的な座標軸のうえに、芸術と政治の関係、もしくは作家と大衆の関係を論ずる立場は、はじめから捨象されていたといわねばならない。

しかし、問題はそれが毛沢東という巨大な権威の名のもとに語られ、たとえば「すべての文学・芸術の活動は、この方針に服務しなければならない。この方針からはなれることは誤りであり、この方針に合致しないものには適当な修正を加えなければならない」と党の文化政策に定式化されるとき、そこに実際上いかにマイナスの影響がもたらされるかということにこそ、より深刻な問題があった。事実、盲目的な無数のスターリン主義官僚によって、いくたの芸術運動は絶えず政治の道具としてその創造性をはばまれ、いまもまたそのことを強制されているのである。

映画に関係した点だけで最近の例をあげよう。「主体論の思想は、種々の色合いを持ちながら、マルクス・レーニン主義者を自認する記録映画の一部作家、大島渚などを中心とする劇映画新人作家の共通する立場となっている」。「これら勢力の思想的立場は、大衆社会論、安保反対闘争昂揚期の市民革命論者からトロッキストにまで、つながっている」。「（このような思想）にもとづいて創造される作品は、現実の大衆の要求を、直接にうけとめていないし、作家が提起する課題は、大衆の現実の感覚をもってうけとめていられない。主体論の理論的けん引者とみなされる松本俊夫の作品『西陣』も、現実にたたかっている大衆の感覚と感動を通じて、直接にうけとめていられない。簡単に言えばわからない方が、先に立つのである」。「主体論思想のおとし穴は、その主観主義的一面性のために、そのはげしい現状否定と既成世代の責任追及の中で、労働者階級と人民に対する不信を深めてゆくことである」

以上は日本共産党の文化思想誌『文化評論』の、昨年の十二月号と今年の二月号のなかで、Yという人（おそらくは山形雄策）の書いた論文から引用したものである。同じく同誌二月号には、山田和夫が大島渚の『飼育』を批判して、「大島渚を代表者とするいわゆる〝ヌーベル・バーグ〟一派の運動には運動自体のなかに大衆を結集できず、逆に大衆を拒否する要素がある」「その底には彼の作品を一貫して流れるエリート（選民）意識、大衆侮べつがありはしないか」「彼にとっては連帯ではなくて断絶が、肯定ではなくて否定が最大の関心である」と書いているが、山田の立脚点もまた、Y氏と同様、「大衆」という虎の威を借りた政治至上主義であることにはいささかも変わりがない。なお前述した木崎敬一郎の論理が、Yや山田の論理とシャムの双生児のように似ていることについては、もはやあらためて比較論証するにはおよばないであろう。彼らのセリフが一言一句ハンコで押したように一致するのは、それが真理だからではなく、つねに何らかの権威ある教条を下敷きにしてしか思考を発動しえない、彼らの思想の非創造性を物語るだけのものである。

ところで、私は目下彼らの論文を、その一言一句のデタラメさかげんにまで立ち入って批判しようとは思わない。それだけのスペースもなければその意欲もなく、そのようなことをしても、論争の次元が低くなるだけのはなしだからである。ただ私はつぎの一点に関してだけは、その誤りにとどめを刺す必要があるように思われる。それは彼らの貧弱な頭脳のなかに作りあげられた「大衆」のイメージが、いささかも歴史性をもたない、非科学的・抽象的な観念の産物にほかならないということである。

マルクスの有名な言葉に「五官の形成は今日までの全世界史の労作である」という言葉がある。木崎やYや山田たちはこの言葉をどのように理解するであろうか。マルクスは『経済学・哲学手稿』のなかで、上記の言葉につづけて「粗野な実践的欲望にとらわれている感覚は、また一つの限定された感覚しかもっていない」ことを指摘し、「非音楽的な耳にとってはどんなに美しい音楽もなんらの意味をもたず」「心配の多い、窮乏した人間は、どんなにすばらしい演劇にたいしてもなんらの感覚をもたない」といっている。そのことを、マルクスが同じく『経済学・哲学手稿』のなかで「人間的本質の対象的に展開された豊かさ（すぐれた芸術作品はこれである――筆者）によってはじめて、主体的な人間的感性の豊かさが、音楽的な耳が、形態美に対する目が、要するにはじめて人間的な享受力のある諸感覚が、人間の本質的な諸力として確証される諸感覚が、はじめて形成され、はじめて産出される」といっている言葉や、『経済学批判』のなかで「生産は、主体に対して対象を生産するばかりでなく、対象に対しても主体を生産する」といっている言葉と合わせ考えるとき、私たちはそこにつぎの五つの重要な問題が語られていることを知るのである。

一つは、人間の感覚は、系統発生的にも個体発生的にも、非芸術的なそれから、芸術的なそれへと創造されてきたものだということであり、二つは、それを可能にする固有な契機はすぐれた芸術作品とそれを享受する主体的な芸術能力だということであり、三つは、人間の感覚の芸術的形成過程には不均等的な発展があるということであり、四つは、すぐれた芸術を生みだす芸術の前衛は、一時的・条件的に、より粗野な感覚をもったより多数の人びとから、理解されないことがしばしばありうるということであり、五つには、それにもかかわらず「すぐれた芸術」が存在し、また存在しなければならないということである。

このような考えは、大衆がよいといえばその作品はすぐれており、大衆が悪いといえばその作品はよくない作品だ、といったぐあいの俗悪な大衆路線主義を根底から否定する。

それどころか、真の芸術の前衛にはときとして大衆のより直接的な要求をかたくなに拒否しなければならないことがあるということをも意味しているのである。明らかにしなければならないことは、芸術の前衛にとって第一義的な課題とは、人間的本質の展開を不断に拡大すること、見えなかった世界を見えるようにすること、意識と感性のステレオタイプを破壊すること、芸術の革命を不断に推進することであって、それ以外のものではないということである。後衛との断層に、身を引き裂かれるような思いをしつつ、ある場合きわめて孤独を感じながらもなおその課題ととりくまねばならないということは、そこらの大衆バカが臆測しているよりは、はるかに苦しい作業なのである。

私の『安保条約』や大島渚の『飼育』がほかならぬ芸術上批判されねばならないのはまさにこの点においてであって、ほかにおいてではない。その点に関しての自己批判は、『現代詩』二月号の『変身の論理』というエッセイですでにやっているので、ここではそれをくりかえすだけの余裕はない。ただそれを一言にして要約するなら、私たちの創作には、未踏の世界にふみこんでゆく精神の冒険にまだまだ欠けており、創作の過程そのものを、世界と自己の新たな発見過程として、みずからをきびしく変革しようとする自己否定の精神がまだまだ稀薄だということにほかならない。

その課題を回避し、自己と現実がはげしく交錯する地点を凝視することなく、まず何にも先行して大衆は何を要求しているかという問題を設定するところから始める創作は、永久に不毛である。私は何も大衆を見下しているわけではない。大衆を物神化する思想こそ、真に大衆を解放する道を頑強に閉ざしているのである。大衆を自分たちのところまで引きあげようとしたり、大衆のところにまで自分たちが降りてゆこうとしたりする考えは、決定的に誤まっている。そのような考えは、真の人間の連帯がいかにして可能かという問いに、何ひとつ答えるものではない。

私たちが、虚偽の連帯を否定し、擬制のコミュニケーションを破壊しようと試みるのは、その問いを真剣に考えるからである。それはまさに、おのれのなかに他者（大衆）を見いだし、他者（大衆）のなかにおのれを見いだす視点が、いかにして獲得されうるかという問いに答えることでもある。私たちの運動は、ディスコミュニケーションの凝視の果てに真の人間連帯を発見してゆく地点から組織されなおさないかぎり、もはやどうにもならないところにきていることは、あまりにも確かなことなのである。私の大衆論はここから始まるのだが、残念ながら紙数はつきた。私の積極的な見解は今後の論争を通して、他日のべる機会があるであろう。

ここでは、ただ、無知な政治小役人たちの芸術干渉が、いかに芸術運動の発展にとって有害であるかということを指摘しておきたかったまでのことである。

運動の変革

安保闘争後三年数カ月、思えばわれわれをとりまく全状況は、はるか地殻の深部から、かすかに無気味な地響きをたてつつ、しかも急速に一変してきているように思われる。こしばらくをこのままに放置するならば、この解体拡散過程は、ついに行きつくところまで行ってしまうのではないかという思いが、どこか私の心の片隅で、一種やりきれない痛覚をともなって浮かびあがってくる。

状況は悪い。しかもひどく悪い。それこそいっさいの運動という運動が、いつのまにかたちまち形骸と化してしまうほど、病状はまさに危機的なものにまでなっているのだ。むろん見かけの現象が天下泰平であるのは、その危機の深さを示すものでこそあれ、けっして状況が安泰であることを意味しない。流れに身をまかせっぱなしのニヒルな無関心さが、そのすぐ裏側に見えるからである。おそらく人びとはこの空洞化状況を直視することに耐えられず、ほとんど本能的におのれを日常の表層に順応させずにはおれないのだろう。片方に挫折を勝利といってはばからないオプチミズムがあり、他方では挫折を思想化できぬムード派の自己解体がつづく。その間に引き裂かれて、運動不在の組織が宙吊りになっているのである。それにしてもわれわれにとっての真の躓きは、安保闘争そのものの直接的な結果によりも、その後の三年数カ月のなかにこそ、よりいっそう本質的にあったのだ。いっさいの物差しが無効となってしまったアノミックな状況の意味を、それぞれの立脚点のもっとも根源的な部分でつきとめえなかった運動が、この間ことごとく底知れぬ停滞と混迷の泥沼に陥ちこんで行ったのは、むしろ当然だったのである。その意味でも、今やあらゆる運動は、その有効性と存在理由を、一度その根底から問いただされるべきところまできているように思われてならない。

こと芸術運動に関するかぎり、その感は強い。すくなくともこの二年間、あらゆる運動は沈滞をきわめ、それは例外なくその組織の物質的な基盤の崩壊をもたらしてきた。しかし、たとえば会費の滞納という一例をとっても、それはもはや統制上の次元で解決しようとしても無理である。たとえそのことに小康をえたとしても、それはしょせん一時的なものに終わることは眼に見えているのだ。あるいはただ無原則的に会員を増やしてみたところで、これも何らそれ自体、運動の新陳代謝を保証するとはかぎらない。それこそ会員が何百人いようとも、それが烏合の衆であり、ましてただ名を連ねることで自足しているようなものの集まりであるかぎり、それは芸術運動とは無関係である。それればかりか、しばしばその疑似性のゆえにマイナスでさえある。

いずれにせよ、今日芸術運動とは何かという思想的な意味を追求することなく、ひたすら解体する組織を補強しつづけようとすることほど、およそ無意味かつ保守的な態度はまたとあるまい。組織そのものの維持を自己目的化するとき、その瞬間から運動はつねに堕落をはじめるのである。このさい、「ともあれ団結と統一を」などというものがあれば、おそらくそのものこそ敵である。「連帯まずはじめにありき」式の運動が、いかにもろくも空無化したかは、安保闘争とその後三年数カ月のなかで、誰もがいやというほど見てきたはずである。今ある運動がもはや運動の名に値いしないのならば、それはあるべき運動理念に照らして変えるのみである。そこにもはや変革の可能性もなく、運動は新たに組織し直さるべきものならば、それを捨て去るのもよい。その存在があるべき運動に敵対し、その足を引くものとなるならば、破壊するもよい。問題は、状況の全構造に鋭く拮抗しうる、本ものの芸術運動をつくることである。それ以外にもはや何があるだろう。私はまず卒直に自分の気持をこういいたいと思う。

ここまで書いたところに石堂淑朗がやってきた。石堂は来るやいきなり、お前は今の創造社をどう考えるかときりだしたのである。創造社とは、よく知られているように、大島渚、田村孟、それに石堂淑朗の三人を中心として、あと幾人かの俳優、カメラマン、作曲家、美術マンなどをくわえた団体であり、有能なマネージャーの活躍もあって、そのメンバーはことごとく今やマス・コミ界の寵児となっている。いわば人目には羨望の眼をむけられているほどのグループである。その創造社を、石堂は果して存在理由があるのだろうかと問うのである。私はここしばらく創造社の諸君と膝を交えて話し合ったことがない。しかし、私はとっさに石堂の悩んでいることを理解した。創造社もまた、まぎれもなく当初の運動理念を喪失しつつあるからである。むろん私はここで自分の所属していない団体にたいして内政干渉をするつもりはない。しかし、自他ともに映画運動の新しい砦となるであろうことを確認して発足した団体が、その後二年、しだいにたんなるギルドとして生活の手段化しつつあることを憂えないわけにはゆかない。彼らにしてもそうなってゆくということが恐ろしいのである。

いうまでもなく、仕事の場から疎外された作家たちが、みずからの力でその回復を計ろうとすること自体が悪かろうはずはない。しかしそこで問題なのは、何が本質的に回復されたのかということである。すくなくとも松竹にふみとどまることをいさぎよしとしなかった何らかの理念が、創造社の活動のなかで、どう具体的に結実してきたのかが問題である。むろん彼らがテレビの場を中心にきわめて精力的に仕事をつづけ、事実それらが低調なテレビ界に大きな刺激と影響を与えてきたことは疑いがない。そして、それはそれで、それなりの意味をもつこともよくわかる。しかし、それらのどれかひとつでも、彼らが六〇年にしとげた仕事以上に、「芸術的に」意味をもちえているかというと疑問なのである。

あるいはそれらが新たな可能性の基礎工事として、何か決定的な役割を果すとも思えないのである。それらの仕事がすべて水準をはるかにうわまわるものだったなどということはいって欲しくない。そんなことは当り前だからである。

石堂はそういう脚本を二年間書きまくって、つくづくいやになったという。そして私は、石堂の十分の一も仕事をしていないが、やはり私なりの経験を通してそれがわかるのだ。私はといえば、この一年間に、テレビでは六本のテレビ・ドラマを書き、一本のドキュメンタリー・フォト・ポエムを演出した。しかしドラマのうちT局でやった一本は、時制のコンストラクションにほんのすこしばかりの実験をしたおかげで、その演出家は「表現が未熟である」と叱られ(実際にはすぐれた演出だった)、それ以後数カ月も仕事を干されてしまったし、また別な三本は、たとえばF局では「ドラマチックでない」という理由で、NY局の芸術祭ドラマはクランク・イン直前に局長から理由不明の「待った」がかかり、N局ではチーフ・ディレクターとかいう人の「わかりにくく、印象が暗い」というたった一言で、それぞれ陽の目を見ない結果に終わったのである。佐々木守などはそういう私を、およそ現代的でないといって嘲笑するが、もし自分の内部とまるでかかわりのない作品でもスイスイこなしてゆけるということを現代的というなら、私はむしろ現代的でない方をこそ選びたい。たとえば佐々木のように帯ドラマを書きまくっているうちに、あらゆる発想が一週間単位でしかでてこなくなった、などという悲劇にだけは陥ちこみたくないのである。

作家というものは、好むと好まざるとにかかわらず、自分が作った作品によって、まさにそのような作家にしかならないものである。それはなにも他人からそう思われてしまうということではなく、作家の自己形成というものが、本質的に、おのれの創作行為そのものによって規制されるものだということである。いいかえるなら、たとえこれは生活のためだなどと割切っていても、そのような創作がその作家の創作活動の大半を占めるようになれば、作家はいつのまにかそのような創作によって手ひどく復讐されるものだということにほかならない。そしてまさにその点をこそ私は恐れるのである。おそらく石堂もまたそうだったのであろう。しかも作家は、その同じ原理によって、なんとしてでも作品をつくらないかぎり、これまたやはり作家にはなりえない。というより、作らずにはおれないのである。これは拷問にも似たアンチノミーといえる。そしてその相剋の末に、どちらかというと作品を作らぬ方を選ぶことによって、かろうじて本ものの作家でありえている場合さえしばしばである。むろん作るというときも、それと紙一重のところで作るのである。すくなくともこの一点をふみはずすかぎり、われわれもまた流されてゆかぬという保証はどこにもない。そして、この一点できびしく対決し合うことを回避した運動が、かならず形骸化することも間違いないのである。

映画界の事情にしても同じである。ある意味ではさらに悪いともいえるだろう。私がもう一年半も映画の演出をできずにいることがそのよい証拠である。ときにはトレーニングのつもりでもいいから作りたいと思うこともあるが、今ではその条件を見つけることさえ困難である。壁は厚い。そして壁は厚いということが何度となくいわれ、その壁を崩す可能性はひとつひとつの作品づくりのなかにしかないといわれてきながら、大部分の作家たちは、むしろひとつひとつの作品づくりのなかでその壁をより厚くしてきているのだ。安直な製作体制、でたらめな製作条件、作品にたいする無理解、スタッフの問題意識の低さ、サラリーマン化された情熱のない態度、低い技術、勉強不足、感覚の緩み、それになかんずく表現にたいする妥協と馴れ合い。こういうもろもろの障害とぶつかるたびに、私はこれまでの作家たちは、いったいどういう映画の作りかたをしてきたのかと腹が立つ。私はこれらもろもろの壁とは、何よりもこれまでの全作家活動がつくりあげてきたものだと思うからである。すくなくとも一本一本の作品づくりのなかで、作家はその作品をつくるだけでなく、またおのれを作るだけでなく、ありとあらゆる作品づくりのための諸条件をもつくるのである。したがって過去いっさいの作家活動の総体こそ、現在の映画づくりの諸条件の総体にほかならない。いいかえるなら、諸条件の総体を指して壁という以上、その壁とはまさにこれまでの作家活動の総体にこそあるのだ。

考えて見ると、小説家や詩人、あるいは画家などはうらやましい。彼らはとにもかくにも、こういう複雑な諸条件に拘束されることなく、一応自分のこれぞと思ったイメージを表現することができるからである。むろんそれが売れる売れないは別問題である。それを別問題にして表現することが成り立つということがうらやましいのである。しかしわれわれ映画やテレビの作家は不幸である。われわれはそういう諸条件にどっぷり身をひたしたところでしか何も作れない。これぞと思ったイメージなど、もろもろの媒介物によって、ものの見事にぶちこわされてゆくことの方が普通なのだ。それどころかそれ以前に、たいがいのこれぞと思う企画がつぶれるのである。私はこの壁を呪い、したがってその壁をせっせと作りあげてきた作家たちを呪わずにはおれない。そしてそういう壁やそういう作家たちを、わずかでも瓦解できずにいる運動の無力さを呪い、自分自身を呪う。それらとの闘いを、のっぴきならないものとして共有していないような運動は、もはや運動としての何の意味があろう。わかったようなことをしゃべり、またぐじぐじとグチをこぼしながら、片方でみずから壁の補強を苦悶もなくちゃらちゃらとやりつづけているような自己偽瞞を、お互いがお互いの傷に触れ合うまいとして暗黙のうちに許し合っているような運動を、私は自分自身のなかにある同質部分もふくめてもうこれ以上は許せない。それを許し合う場に身を置くことは、作家として自殺行為にひとしいのではないかとさえ思うのである。どこからでもいい、そのかぎりない解体を逆流させる思想に、作家としてののっぴきならないアンガジュマンを賭け合うような、そのような運動をこそ私は欲しい。そのようなものでない芸術運動というものを、私は思い浮かべることができないのである。大きな観点から見れば、さらに「運動の条件をつくる運動」というものもありうるわけだが、それは芸術運動にとってはおそらく二義的なものでしかないだろう。

芸術運動は、あくまでもその意味において「芸術」運動である。今日芸術であるということは何を意味するのか、今日の芸術的課題とは何であるのかを、徹頭徹尾見きわめようとすることによってのみ成り立つ運動である。したがって、それは抽象的なお題目をかかげてそれに賛成し、共通の会員証を分有し合うことによって成り立つような運動ではありえない。すくなくとも一人ひとりが芸術家として自立し、一人ひとりが自分自身の考えと自分自身の感受性をもって歩かなければ、一歩も前に進めない運動である。

それはちょうど山登りのイメージをかきたてる。どんなにおおぜいで登ろうとも、山というものは、やはり自分自身が登らなければ登れないものである。誰かが背負って登ってくれるわけではない。一人ひとりが自分の足で歩くのである。恐ろしいまでに切り立った岩壁を、へばりつくようにして登りつめてゆく登山者の姿は、たとえザイルで仲間と身体をくり合っていても孤独なものである。作家であるということも、やはりその登山者に似て孤独なものではなかろうか。状況の山を克服しようとして、作家は結局のところただ一人で世界に立ち向い、その岩壁をおのれの爪から血を流して登るのである。

孤独などという言葉を使うのはこそばゆい。しかしけっしてセンチメンタルな意味ではなく、もっと本質的な意味でこの徹底した孤独な作業に耐え抜かぬかぎり、人は結局のところ作家とはなりえまい。そしてこの孤独の体験を共有してこそ、本当の意味での連帯が生まれるのではなかろうか。現在われわれのおかれたディスオーガニゼーションとディスコミュニケーションの状況のなかにあっては、なおさらである。じりじりと地すべりをつづける疎外の全状況を、全身で受けとめこれに拮抗しようとする作業ほど孤独なものはまたとない。しかし、作家はその孤独を真に回復しようとして作品を作るのである。すくなくとも私は『西陣』をつくったときはそういう思いであった。私は西陣を撮りながら西陣を撮ったのではない。安保闘争後一年、私はその敗北とそれが生みだしたあのアノミックな状況の意味を嚙みしめるようにして、状況の孤独とおのれの孤独をそこに記録しようとしたのである。したがって、それは大げさにいうならば、世界と他人にたいして何とか真のきずなを見出そうとする私のあがきのようなものだったのである。

私はいま作家同士の結びつきということを、それぞれのそのような作業と、その生みだした作品を通してしかありえないものとして、その他の要素をできうるかぎり切り落とそうと考えている。これはもともと自明のことにちがいないが、それがいいかげんにごまかされ、日常生活での馴れ合いがひどく運動を頽廃させてきているような気がするので、そうあらためて決心したいのである。そしてそれぞれが各自の存在の深部で、ただ一人孤独に状況と向き合った部分とのみ結びつこうと思っている。すくなくとも芸術運動ということをその次元でとらえかえさないかぎり、それはもはや何の存在理由ももちえないのではないかと思うからである。私は「一人が百歩進むより、百人が一歩進む方を」などというスローガンに甘えたくない。こと芸術運動に関するかぎりそう思うのである。二人でも三人でもよいから、そこからのみ始めたいのだ。どうやら芸術運動はそろそろ再編成さるべき時期にきているように思われてならない。すくなくともすでに第一ラウンドは終わっている。そして今や第二ラウンドを始めなければならないのだ。

〈初版あとがき〉

考えてもみなかったことだが、ここにはじめての評論集をだすことになった。一九五八年から六三年にかけて書いた文章のなかから、映画に関する主な論文を集めたものである。本来なによりも実作者であろうとしてきた私だが、いつもすこしばかり他人より先のところに眼を向けてきたばっかりに、とかく、実際の創作の場（つまり映画界）から疎外されていることに憤懣やるかたなく、私なりにかくあるべきと考えつづけてきた映像芸術の今日的な課題について、どうしてもいわずにはおれずに書き綴ってきたものが、いつのまにか一冊の本になってしまったわけである。喜ぶべきことか、悲しむべきことか、私としてはどうも複雑な気持にならざるをえない。

このなかでいちばん古い論文は「前衛記録映画論」（五八年二月）だが、当時はまだヌーベル・バーグ旋風のすこし前で、私の主張など、ごく一部の人を除いてまったく受け容れられず、およそ四面楚歌の状態だったことを思いだす。その時からくらべるとやはり状況は変わってきたし、とくにここ数年、映像表現の可能性の問題がかなり重視されるようになってきた。しかし映像を模索し映像と格闘することの意味は、あくまでも表現と主体意識と存在条件との内的な緊張関係を、その深部でとらえることからしか明らかにされることはありえない。その意味でいちばん必要なのは、何よりも存在論に根ざした主体的な表現論の視角である。事実映像芸術の今日的な課題は、国際的に見てその一点に向って徐々に収斂してきつつあるように思われる。私の映像芸術論は、それをアヴァンギャルドとドキュメンタリーの統一というパースペクティヴから追求したものである。

これらの論文は、『読売新聞』に連載したもの、『映画批評』『記録映画』『映画芸術』『新日本文学』『現代詩』などに発表してきたものを、全体の構想にしたがって自由に配列しなおしたものである。また再録するにあたって幾分手を入れたものもすくなくない。おわりに、私を叱咤激励してこの評論集をつくってくれた三一書房の畠山滋氏、書名の名付親になってくれた友人の高山英男氏、およびすばらしい装幀をしてくれた粟津潔氏に、この機会をかりてあらためて感謝したいと思う。

一九六三年十一月

著者

〈再版に寄せて〉

四十二年前の処女評論集が、出版社も体裁も一新した形で再版されることになった。収録されている文章は私が二十六歳から三十一歳の間に雑誌や新聞に書いたもので、新しい時代の映像作家を目指して、現実と作家と表現の関係をあれこれ模索していた頃の、悪戦苦闘ぶりが率直に記録されている。『映像の発見』は一九六〇年代から七〇年代にかけてのヤンガー・ジェネレーションに熱い反応で迎えられ、一九七九年までの十六年間に十三刷まで重版された。その数字は映画評論や映画理論の本としてはあまり例がないそうだが、当時の私は映画の主流からはおよそ四面楚歌で孤立していただけに、この手応えはどれほど私を励ましてくれたかわからない。

それにしても『映像の発見』が、同時代の熱心な読者に何らかの刺激や共感を与えたとすれば、それは何だったのだろう。それはつきつめて要約すれば、たぶん一九五〇年代半ばから顕在化しつつあった物の見方、感じ方、価値観のパラダイム・シフトをクローズアップし、そのような転換期における映像表現そのものの変革のヴィジョンを、保守勢力と激闘しながら立ちあげようとしたことだったと思う。

あとでだんだんわかったことだが、この六〇年前後を境に、世界の映画は時期や特色に少しずつちがいはあったものの、一様に因襲的惰性的な映画に苛立ちを感じ、「新しい波」を求めてさまざまな探求に挑戦しようとする共通点が芽生えていた。その苛立ちと挑戦は六〇年代後半に過激さを増し、他の芸術文化ジャンルとも横断的に連動しながら、六十八年のパリ五月革命に象徴される未曾有の地殻変動につながってゆく。

私の『映像の発見』は六三年の本だからそこまでは触れていない。しかし、六〇年代の芸術文化革命の始源的な発火点が、日本ではどのような視点から、何を切口に、どのように燃え広がっていったかは、いま読む方がむしろわかりやすいだろう。当時は何と言っても政治運動の時代だったので、芸術の問題との差異や関係に混乱が生じやすかったのである。しかしその混沌を試行錯誤しながら、かならずしも自明ではなかった問題を手探りでつきつめてゆく思索の高揚感は、いま読むスタンスからは実感しにくいかもしれない。

私がこれを書いた当時、まず対決しなければならなかったのは、映画はカメラ前の客観的な現実の再現であると考え、観客はスクリーンの像を介してその向うの現実を見るとする映画観である。あるいは同時に映画の価値はその内容であり、そこに繰り広げられる事象や物語の主題こそ映画の本質だとする観念的なテーマ至上主義とも対決しなければならなかった。見逃してならないのは、ここではいずれも映画が映画以前の事実や観念に還元され、映画ではじめて見えてくる固有の世界が発見されていないことである。

私は一九五八年に書いた「方法とイメージ」の中で、映画はフレイミングとモンタージュとコンストラクションのそれぞれ異なる三つの操作レベルで、映画に固有のイメージが形成されると論じた。そのことはそれらの主体的操作によって客観的な所与の対象が主観化されると同時に、物の見方としての主観的イメージが右の三レベルの表現形式に客観化されることを意味している。したがって客観の主観化と主観の客観化の弁証法によって、私は客観か主観のどちらかを本質とみなす二元論的思考の図式から脱出したと言えるだろう。

事実フレイミングとモンタージュとコンストラクションによって、そこに生成された対象の像が、固有のマチエールと固有のフォルムをもって他に還元できない映画になるのはスクリーン上においてである。そこでは像の指示対象だった客観の世界も、それらをさまざまに意味づける主観の世界も、どちらも構成要素の一部としてスクリーン上の像に組込まれている。

客観と主観、知覚と想像、実在と不在、自然と文化などが、アマルガムのように二重化されてゆくこの映画のメディア特性を私は「映像」と呼んだ。映像という概念はいまでこそごく一般化して日常用語となったが、一九五〇年代後半ではまだあまり使われておらず、岡田晋や羽仁進らとあと私を含む数名くらいが意図的に多用していたにすぎない。そこで更に私は自分の処女評論集にあえて『映像の発見』というタイトルを採用したが、単行本に「映像」という言葉を使ったのはこの本が初めてだったろう。少なくとも肩書きを「映像作家」と名乗って、新聞、雑誌に公認させたのは私が第一号である。

それはさておき、この本に「アヴァンギャルドとドキュメンタリー」というサブタイトルをつけたことについては、若干の解説が必要かと思われる。私が一九五五年に大学をでてすぐ映画の制作現場に身を置こうと踏み切った時、私の心を強く魅惑していたのがこの二つのキーワードだったのである。アヴァンギャルドは映画に先行して熱中していた現代美術への関心から続いていたもので、私はとりわけシュルレアリスムの無意識の世界に執着し続けていた。ドキュメンタリーはロッセリーニとの出会いで衝撃を受けた切口だが、こちらで忘れられないのは人間の物の見方の思い込みや偏見を、思わぬ角度から吹き飛ばすカメラの物質的なまなざしである。

ところでこの二つのキーワードは一見相互に対立し合う概念のように見えないでもない。アヴァンギャルドは人を内部世界の不思議に誘導するとすれば、ドキュメンタリーは外部世界の不思議を気づかせるからである。たしかにここで意識が向う方向は内と外に分かれている。しかしどちらも意識の射程が及ばぬ「ロゴスの外」に踏み込んでいる点で、そこには対立物を同一化してしまうパラドックスがかくされていると言えるかもしれない。つまりアヴァンギャルドとドキュメンタリーを統一しようとするサブタイトルの視点は、映像の創造特性に意識の秩序を揺さぶるカオスとの出会いを介在させようとする問題意識を意味している。

とはいえ、私の映像作家としての出発点では、この二つの切口は時計の振子のように揺れていたと言うべきだろう。そういえば私が大学を出てその年につくった『銀輪』（一九五五）という作品は、まだ無名時代の武満徹や山口勝弘など実験工房のメンバーとコラボレートしたアヴァンギャルド風のものだったが、長らく紛失していた原版が国立近代美術館フィルムセンターの手で最近発掘され、今年八月に五十年ぶりに上映された。むろん五十年前のものだから素朴と言えば素朴だが、日本の戦後はじめての実験映画だったという意味ではやはり貴重な歴史の痕跡である。

それにしても最近なぜか六〇年代前後の、いわゆる燃えていた時代の芸術・文化に対する関心が高まっており、さまざまなレトロスペクティヴが目立っているという。私の場合も昨年の『松本俊夫全劇映画』ＤＶＤ・ＢＯＸ（ＳＰＯ）に続いて、今年は『松本俊夫実験映像集』ＤＶＤ・ＢＯＸ（ＤＥＸ・ＵＰＬＩＮＫ）が出た。

回顧ばかりというのも気になるが、この『映像の発見』も、ここ数年古本屋でも入手しにくくなって再版を望む声が続いていたという。そうこうするうち昨年、活性化する韓国の映画事情を背景に、『映像の発見』の翻訳版がソウルで出版され、それも刺激となって日本での再版がこのたび実現したのだろう。私としてはまるで時代状況がちがいながら、超大型の転換期という共通基盤の上に、この本がどう読まれるのか興味津々である。
最後に型どおりであるが、巻頭に過分な解説を書いていただいた中条省平氏、および再版のすべてを進めてくれた高崎俊夫氏、そして、この再版企画にご賛同いただいた清流出版社長の加登屋陽一氏に、心からの感謝の言葉を述べたいと思う。

二〇〇五年九月吉日

著者